PFERDEPFLEGE
REITEN & TRAINING

Elaine Heney

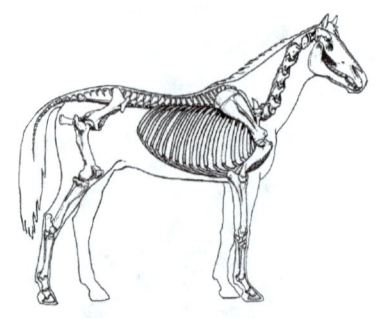

"Wir beginnen damit, dem Pferd zuzuhören."
Elaine Heney

IMPRESSUM

Pferdepflege Reiten & Training fur Kinder | Autor/ Umschlaggestaltung/Satz/Verlag: Elaine Heney. Die Originalausgabe erschien 2023 under dem Titel Pferdepflege Reiten & Training fur Kinder. Copyright 2023 Elaine Heney. Alle Rechte vorbehalten. Autor: Elaine Heney, greyponyfilms@gmail.com St. Galls House, St. Gall Gardens South, Milltown, Dublin 14, Ireland. ISBN: 978-1-915542-37-3

Druck: Grey Pony Films, St. Gall Gardens South, Milltown, Dublin 14, Ireland. Das Werk, einschließlich seiner Telle, ist urheberrechtlich geschützt. Jede Verwertung ist ihne Zustimmung des Verlages und des Autors unzulässig. Dies gilt insbesondere für die elektronische oder sonstige Vervielfältigubg, übersetzing, Verbreitung und öffentliche Zugänglichmachung. Übersetzerin: Sabine Bühlmann

Alle Rechte vorbehalten. Kein Teil dieser Publikation darf ohne vorherige schriftliche Genehmigung des Herausgebers in irgendeiner Form oder mit irgendwelchen Mitteln inklusive Fotokopieren, Aufzeichnen oder auf andere elektronische oder mechanische Weise reproduziert, verbreitet oder übertragen werden.

Copyright © 2023 Elaine Heney | www.greyponyfilms.com
Erste Ausgabe 2023

Zeit für ein Quiz!

ERRATE DIE WÖRTER

I _ H _ I E _ _
P _ E _ D E _ _

DIESES BUCH GEHÖRT:

Kinderbücher von Elaine Heney
www.elaineheneybooks.com

Der Connemara Abenteuer-Serie

Das vergessene Pferd
Das Show Pferd
Das Mayfield Pferd
Das gestohlene Pferd
Das Abenteuer Pferd
Das verlorene Pferd

Pferdebücher für Kinder

P steht für Pony – ein ABC-Buch für Kinder ab 2 Jahren
Listenology für Kinder zwischen 7 und 14 Jahren
Pferdepflege, Reiten und Training für Kinder zwischen 6 und 11 Jahren
Pferdepuzzle, Spiele und Denksportaufgaben für Kinder zwischen 7 und 14 Jahren

INHALTSVERZEICHNIS

Einführung
Bezeichnungen für Pferde
Pferdeverhalten
Körpersprache der Pferde
Eine Verbindung mit Deinem Pferd aufbauen
Pferderassen
Vielseitige Einsatzmöglichkeiten für Pferde
Farben des Pferdes
Anatomie des Pferdes
Pferdemenschen
So lebt Dein Pferd
Häufige Pferdekrankheiten
So pflegst Du Dein Pferd
Pferdetraining
Sättel & Zäumungen
Sicherheit rund ums Pferd
Bodenarbeit
Reiten
Gute Reitkunst

EINFÜHRUNG

Pferde sind beeindruckende Tiere. Wenn man sich in Pferde verliebt, will man alles über sie erfahren. Alle Pferde haben Gefühle und sind einzigartig, genau wie wir!

Manche Pferde sind lustig, andere sind ernst. Einige sind seltsam, andere sind sehr süß. Manche lassen es ruhig angehen und sind sparsam. Andere Pferde neigen dazu, es eilig zu haben und laufen gerne schnell. Sie alle haben ihre eigene Persönlichkeit! Pferde können sehr groß sein, aber sie sind auch sehr empfindlich.

Obwohl Pferde keine Wörter verwenden, um zu "sprechen", haben sie viele Möglichkeiten, sich mitzuteilen. Sie haben ein sehr gutes Gedächtnis, daher ist es sehr wichtig, dass wir sie freundlich behandeln und ihre Sichtweise so gut wie möglich verstehen wollen. Pferde haben ihre eigene, besondere Sprache, die Du erlernen kannst. Eine der besten Sachen bei Pferden ist, dass sie ehrlich sind und ein Pferd Dich niemals anlügen wird. Es ist unsere Aufgabe, so viel wie möglich über Pferde zu lernen, damit wir sie besser verstehen können.

 **Wusstest Du,** dass Pferde sehr soziale Tiere sind und enge Freundschaften mit anderen Pferden pflegen?

VERBINDE JEDES PFERD MIT DEM RICHTIGEN SCHATTEN

 Denk daran: Sie immer freundlich zu Deinem Pferd

BEZEICHNUNGEN FÜR PFERDE

- Ein Baby-Pferd wird Fohlen genannt, bis es 1 Jahr alt ist.
- Im Alter von 1 Jahr wird das Pferd Jährling genannt.
- Ein männliches Fohlen heißt Hengstfohlen, ein weibliches Stutfohlen.
- Ab dem Alter von 4 Jahren heißen die weiblichen Pferde Stuten und die männlichen Pferde entweder Wallache oder Hengste.

 **Wusstest Du,** dass Fohlen innerhalb weniger Stunden nach ihrer Geburt bereits laufen können?

Pferde sind Herdentiere. Das bedeutet, dass sie am glücklichsten in Gruppen mit anderen Pferden leben, die sie kennen. Dadurch fühlen sie sich sicher. Sich sicher zu fühlen ist eines der wichtigsten Dinge für alle Pferde.

Pferde entwickeln starke Bindungen zu ihren pferdeartigen Freunden und Verwandten. Genau wie Menschen haben sie beste Freunde und Abneigungen gegen bestimmte andere Pferde. In jeder Pferdegruppe gibt es Anführer und solche, die den anderen folgen. Manche Pferde sind von Natur aus etwas rechthaberisch, andere eher schüchtern.

 Wenn ein Gestüt 6 Stuten, 6 Fohlen und 3 Hengste hat, wie viele Pferde haben sie?

Antwort: 15 Pferde

Kennst Du den Unterschied zwischen einem Pferd und einem Pony?

Pferde und Ponys werden in Meter und Zentimeter gemessen. Ein Pferd ist über 1,48 m groß. Ein Pony ist 1,48 m oder kleiner.

 **Wusstest Du,** dass die meisten domestizierten Pferde im Durchschnitt etwa 25 bis 30 Jahre alt werden? Einige Pferde können über 30 oder 40 Jahre alt werden.

Alter & Pferde.

Genau wie Menschen müssen wir uns ein Leben lang um die Gesundheit unserer Pferde kümmern. Wenn wir unser Pferd langsam trainieren und uns um seinen Körper kümmern, können viele Pferde noch bis weit in ihre 20er und sogar in ihre 30er Jahre gesund und perfekt zum Reiten sein!

Wir müssen uns immer um unsere Pferde kümmern, damit sie viele Jahre lang bei guter Gesundheit geritten werden können.

Pferde können 30 oder sogar 40 Jahre alt werden. Eines der ältesten Pferde der Welt war Sugar Puff, der bis zu seinem 56. Lebensjahr lebte.

HANDSCHRIFTLICHE HERAUSFORDERUNG

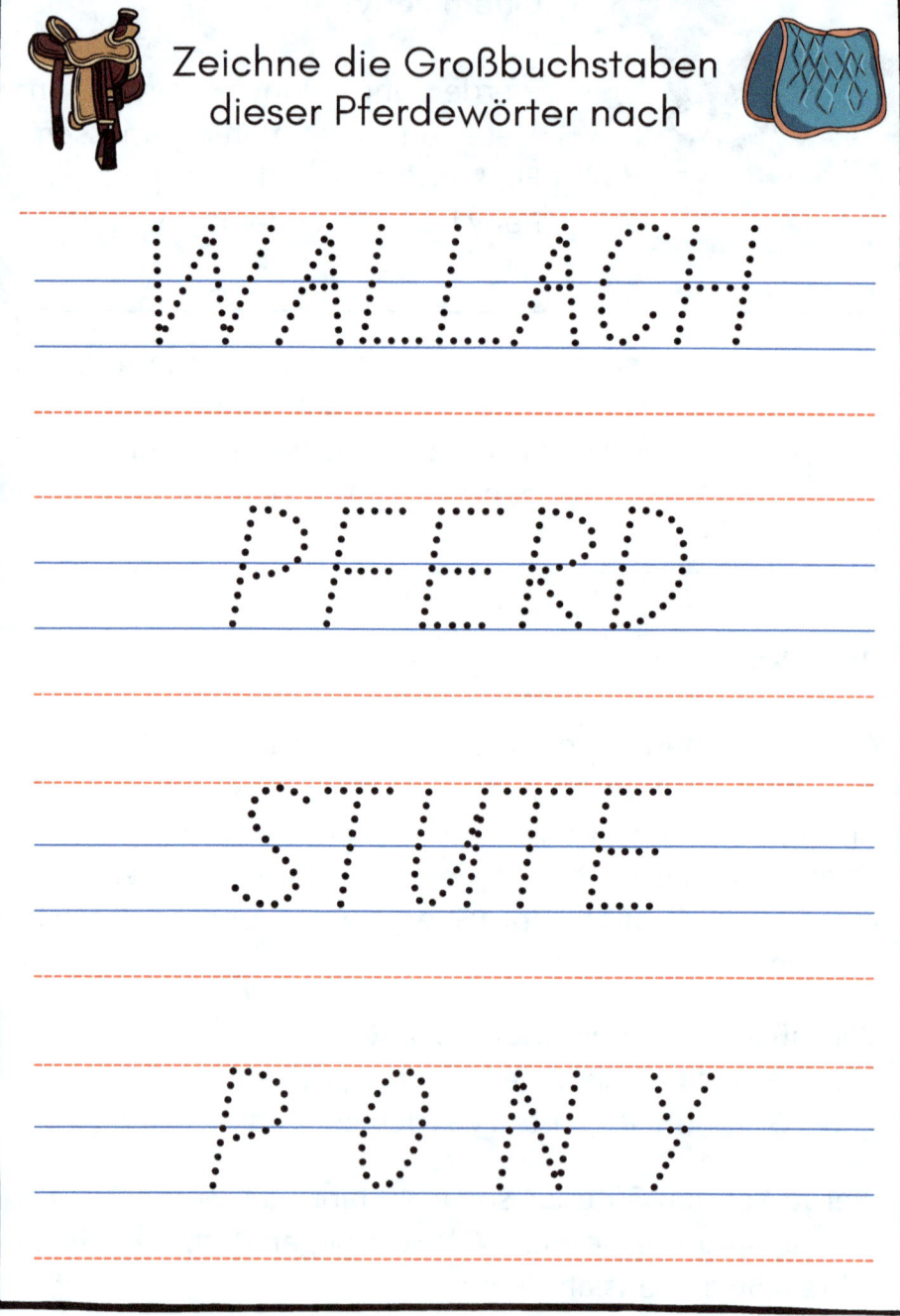

Zeichne die Großbuchstaben dieser Pferdewörter nach

WALLACH

PFERD

STUTE

PONY

PFERDEVERHALTEN

Das Verhalten eines Pferdes hat viel damit zu tun, ein Beutetier zu sein. Einige Tiere wie Menschen, Löwen und Tiger sind Raubtiere. In der Natur fressen Raubtiere Beutetiere. Beutetiere, wie Pferde, haben einen sehr starken Instinkt, nach Gefahren Ausschau zu halten und vor Gefahren davonzulaufen, damit sie nicht gefressen werden!

Aus diesem Grund haben Pferde ein sehr starkes Bedürfnis, sich in ihrer Herde sicher zu fühlen. Pferde wollen sich auch sicher fühlen, wenn sie bei Dir sind. Wenn sich Pferde nicht sicher fühlen, können sie viel Zeit damit verbringen, nach Gefahren Ausschau zu halten.

Wenn Du eine Pferdeherde genau beobachtest, wirst Du sehen, dass sie abwechselnd Wache stehen. Möglicherweise sieht man ein oder mehrere Pferde, die ein Nickerchen machen, während ein Pferd Wache hält. Wenn sich Pferde nicht sicher fühlen, ist ihr erster Instinkt, sehr schnell zu rennen.

Um ihnen zu zeigen, dass wir ihre Freunde und keine Raubtiere sind, ist es wichtig, dass wir versuchen, mit ihnen so zu kommunizieren, wie sie es verstehen. Auch wenn sie keine Worte verwenden, haben Pferde eine ganz besondere eigene Sprache – die Körpersprache!

 Wenn wir traurig oder wütend sind, können die Pferde dies sofort in unserem Körper sehen, ohne dass wir es ihnen sagen!

KÖRPERSPRACHE DER PFERDE

Pferde kommunizieren hauptsächlich über die Körpersprache. Anstelle von Worten nutzen sie Bewegung, um miteinander zu sprechen. Zu lernen, wie Pferde ihre Körpersprache verwenden, hilft uns zu verstehen, was sie sagen und wie sie sich fühlen. Es hilft uns auch, so mit ihnen zu sprechen, dass sie es verstehen.

Einige dieser Bewegungen können sehr klein sein:

- Ein Zucken mit dem Ohr kann bedeuten, dass ein Pferd gerade etwas gehört hat; es kann bedeuten, dass es irritiert ist. Es kann aber auch bedeuten, dass es aufmerksam ist.
- Das leichte Senken des Kopfes kann bedeuten, dass ein Pferd ein Nickerchen macht, aber es könnte auch zeigen, dass es möchte, dass Du oder ein anderes Pferd seinen Bereich verlässt.
- Ein leichtes Nasenrümpfen kann darauf hindeuten, dass er sich stark konzentriert, aber auch, dass er sich Sorgen macht.

Andere Bewegungen können viel größer sein, wie zum Beispiel:

- Ein Schweifschlagen kann bedeuten, dass eine Fliege herumschwirrt oder ein anderes Pferd zu nahe kommt.
- Beißen und Treten sind wirklich große Bewegungen. Pferde sparen sich diese auf, wenn sie das Gefühl haben, dass ihre kleineren Bewegungen nicht bemerkt wurden. Das können wir auch. Genau wie unsere Pferde sollten wir, wenn wir sie bitten, etwas zu tun, zuerst mit einem kleinen Hinweis fragen.

Auch wenn wir uns wie Raubtiere bewegen und aussehen, können wir den Pferden helfen, sich in unserer Nähe sicher zu fühlen, indem wir ihnen zeigen, dass wir ihre Sprache verstehen.

LABYRINTH!
HILF DEINEM PFERD, SEINE FREUNDE ZU FINDEN

Fang hier an

EINE VERBINDUNG MIT DEINEM PFERD AUFBAUEN

Um eine Bindung zu Deinem Pferd aufzubauen, musst Du seine Sprache und auch seine persönlichen Vorlieben und Abneigungen lernen. Du musst auch ein selbstbewusster Partner und Anführer werden.

Führung bedeutet nicht, dass Du herrisch sein musst!

Es bedeutet, dass Du immer fair, geduldig und freundlich sein musst. Du musst herausfinden, wie Dein Pferd Dir glaubt, dass Du es immer beschützen wirst, selbst wenn Du nach Dingen fragst, die Dein Pferd nicht versteht oder beängstigend findet.

Die meisten Pferde akzeptieren es, gekuschelt zu werden, sobald sie Dich kennen, aber es ist vielleicht nicht wichtig für sie. Dein Pferd möchte vielleicht lieber am Hals, am Widerrist oder am Rücken gekratzt werden.

Wenn ihr Euch anfänglich kennenlernt, versuche nichts zu überstürzen und Dein Pferd nicht gleich überall im Gesicht zu berühren. Das würde Dir nicht gefallen und den Pferden auch nicht. Es fühlt sich viel angenehmer an, wenn Du sanft reibst. Erzwinge nichts, gehe langsam vor und sei geduldig, wenn Du mit Deinem Pferd eine Verbindung aufbauen möchtest.

 **Wusstest Du schon:** Wenn Pferde aussehen, als würden sie lachen, wenden sie tatsächlich eine spezielle Technik zur Geruchsaufnahme an, die als „Flehmen" bekannt ist, um festzustellen, ob ein Geruch gut oder schlecht ist.

Wenn Du mit Deinem Pferd zusammen bist, musst Du immer daran denken, dass seine Gefühle genauso wichtig sind wie Deine eigenen und vielleicht sogar noch mehr, weil das Pferd weniger Wahlmöglichkeiten hat als Du.

Es ist Deine Aufgabe, zu sehen, wie das Pferd über das denkt, was Du tun möchtest und Wege zu finden, Dein Pferd dazu zu bringen, bei Dir sein zu wollen und die Dinge zu tun, die Du magst.

Der allererste Schritt, um eine Verbindung zu Deinem Pferd aufzubauen, besteht darin, mit ihm in seiner eigenen Sprache zu sprechen.

Sobald ein Pferd sieht, dass Du auf das achtest, was es sagt, wird es sich mehr Mühe geben, mit Dir zu kommunizieren, selbst wenn Du Fehler machst, und es wird genießen, mit Dir zusammen zu sein.

 Du besuchst Dein örtliches Reitsportgeschäft. Du kaufst einen Hufkratzer für 3 €, ein Paar Steigbügel für 25 € und einen Reithelm für 50 €. Wie viel Wechselgeld bekommst Du, wenn Du mit 100 € bezahlt?

Antwort: 22 €

9 WEGE, WIE DU DICH MIT DEINEM PFERD VERBINDEN KANNST

- Sei immer freundlich zu Deinem Pferd.
- Verliere niemals die Geduld oder schlage Dein Pferd oder Pony.
- Gib Deinem Pferd immer Futter & Wasser, bevor Du selbst etwas ißt. Das kann zum Beispiel am frühen Morgen oder späten Abend der Fall sein und kümmere Dich um Dein Pferd, wenn es schneit oder regnet.

- Spreche regelmäßig mit Deinem Pferd und sage ihm/ihr, wie sehr Du es magst.
- Betrachte das Leben aus der Perspektive Deines Pferdes.
- Anstatt Dein Pferd „dazu zu bringen", Dinge für Dich zu tun, frage Dich, wie Du Deinem Pferd „helfen" kannst, Dinge zu tun.
- Zerteile eine große Aufgabe in viele kleine Einzelschritte. Diese Strategie wird auch „Wie man einen Elefanten isst" genannt ...

Wie isst man einen Elefanten?
Einen Bissen nach dem anderen!

- Habe im Umgang mit Deinem Pferd Deine Gefühle im Griff. Sei ruhig und berechenbar. Pferde mögen keine geräuschvollen, lauten oder unberechenbaren Menschen.
- Sei ein guter und geduldiger Lehrer.

GUTER LEHRER-ARBEITSBLATT

Denk an einen großartigen Lehrer, den Du in der Schule hast. Schreib alle Gründe auf, warum er oder sie ein guter Lehrer ist.

1. ....
....

2. ....
....

3. ....
....

4. ....
....

5. ....
....

6. ....
....

7. ....
....

8. ....
....

9. ....
....

DICH MIT DEINEM PFERD VERBINDEN

Pferde sind sehr gut darin, anderen Pferden zu sagen, dass sie sich von ihnen entfernen sollen oder ihnen zu erlauben, sich ihnen zu nähern. Manchmal sind ihre Bewegungen so klein, dass es für Menschen schwierig ist, sie zu sehen.

- Was macht Dein Pferd, wenn Du auf ihn zugehst?
- Schaut er auch nur ein klein wenig weg oder macht sogar ein Schritt zurück?
- Oder kommt er sofort zu Dir, rennt sogar in Dich hinein?

In der Pferdesprache ist es sehr wichtig, den Raum zu respektieren.

Annäherungs- und Rückzugsübung

Wenn Du ein Pferd hast, das wegschaut oder den Kopf hebt und sehr angespannt in seinem Körper wird, zeige ihm, dass Du dies bemerkst, indem Du sofort zurückweichst, bis es Dich ansieht oder seinen Kopf wieder senkt. Dann warte.

Vielleicht wird er lecken und kauen, um dir zu zeigen, dass er es zu schätzen weiß, dass du es bemerkt hast. Gehe dann wieder etwas langsamer auf ihn zu und schau, ob er immer noch wegsehen möchte. Versuche anzuhalten und zurückzuweichen, kurz bevor er es tut.

Wenn Du dieses kleine Spiel geduldig genug spielst, wird Dein Pferd lernen, darauf zu vertrauen, dass Du versuchst, seine Sprache zu sprechen. Vielleicht wird er sogar neugierig genug, um auf Dich zuzugehen.

Wenn Du diese Übung gut beherrschst, wirst Du sie bei Pferden, die nicht gerne von der Wiese hereinkommen, sehr nützlich finden. Du kannst sie auch beim Putzen und Aufsatteln verwenden und sogar dazu, ihm zu helfen, mutig in Bezug auf beängstigende Dinge zu werden.

Warte, bis er deine Hand berührt, bevor du versuchst, ihn zu berühren. Und wenn er wie Du wegschaut, wiederhole das Spiel, aber diesmal mit deiner Hand. Greife mit deiner Hand nach ihm und nimm sie weg, wenn er von dir wegschaut.

Eine echte Beziehung aufbauen, indem Du die Persönlichkeit Deines Pferdes, sein Verhalten in verschiedenen Situationen und seine Gewohnheiten kennenlernst."

DICH MIT DEINEM PFERD VERBINDEN

Die Übung "Sich selbst größer machen"'

Wenn Du ein aufdringliches Pferd hast, das direkt auf Dich zumarschiert und Dich vielleicht sogar anstößt, kannst Du versuchen, Dich etwas größer zu machen, um es aus Deinem Bereich zu entfernen. Bewege einfach Deine Arme seitlich auf und ab. Nicht zu schnell! Du versuchst nicht, ihn zu erschrecken oder zu bestrafen. Du versuchst deutlich zu machen, dass er nicht bemerkt hat, dass er zu nah ist. Wenn er sich nicht bewegt, versuch, Deine Arme etwas schneller zu bewegen, und wenn das nicht funktioniert, hüpfe auf der Stelle und bewege Deine Arme. Wenn Du in dieser Übung wirklich gut wirst, wird Dein Pferd anfangen, sich wegzubewegen, wenn Du nur daran denkst, Dich größer zu machen.

Das Wichtigste in der Nähe von Pferden ist die Sicherheit. Wenn Du Dich unsicher fühlst, wenn ein Pferd zu schnell auf Dich zukommt, gehe so schnell wie möglich weg und bitte einen Erwachsenen um Hilfe. Deine Sicherheit geht immer vor.

Beende die Übung mit einer guten Sache

Probiere aus, welche Belohnungen Dein Pferd mag. Finde seine liebsten Kratzstellen heraus und versuche immer aufzuhören, bevor er nicht mehr kann. Wenn Du ihn dazu bringst, mehr zu wollen, wird er sich daran erinnern, wie sehr er es genossen hat, anstatt zu wünschen, dass Du schon damit aufhören würdest! Dies ist eine weitere großartige Sache, um zu lernen, wie Pferde denken. Wenn Du das, was ihr gemeinsam macht, immer mit etwas beenden, das ihn glücklich macht, wird er sich auf das nächste Mal freuen, wenn ihr zusammen seid.

QUIZ: SICH MIT SEINEM PFERD VERBINDEN

1: Ein guter Anführer zu sein bedeutet:

a. Herrisch sein und schreien.
b. Sicherstellen, dass mein Pferd immer tut, was ich verlange.
c. Geduldig sein und dafür sorgen, dass sich mein Pferd sicher fühlt.
d. Mein Pferd machen lassen was es will.

2: Das wichtigste am Umgang mit Pferden ist:

a. Das Pferd machen lassen, was ich will
b. Mein Pferd reiten
c. Meinem Pferd neue Dinge beibringen
d. Sicher bleiben

3: Der beste Weg, ein Pferd zu kuscheln, ist:

a. Klopf ihm richtig fest auf den Hals
b. Verwende Annäherung und Rückzug, während Du seine Lieblingskratzplätze findest
c. Ich lege meine Arme um seinen Hals und sage ihm, wie sehr ich ihn liebe
d. Ich binde ihn zum Streicheln und Putzen an, wenn er zappelt

4: Wenn ein Pferd von mir weggeht, wenn ich bei ihm sein möchte, sollte ich:

a. Ihm zeigen, dass ich es bemerkt habe, indem ich anhalte und ein paar Schritte zurückgehe.
b. Aufgeben. Er hasst mich offensichtlich.
c. Ihm folgen, bis er versteht, dass ich niemals aufgeben werde.
d. Etwas nach ihm werfen, damit er weiß, wie genervt ich bin.

Antworten: 1c, 2d, 3b, 4a

PFERDERASSEN

Es gibt viele Pferde- und Ponyrassen auf der ganzen Welt.

Pferde gibt es in allen Formen und Größen. Alle Rassen haben unterschiedliche körperliche Eigenschaften und Temperamente, weil sie historisch gesehen sehr spezielle Aufgaben hatten.

Die großen Zugpferde wie Shire und Percheron wurden wegen ihrer Stärke und gutmütigen Persönlichkeit gezüchtet. Sie wurden als Wagenpferde verwendet.

"Obwohl es beim Hauspferd nur eine Tierart gibt, gibt es weltweit über **400 verschiedene Pferderassen!**"

Vollblüter sind auf Geschwindigkeit ausgelegt und werden für Rennen eingesetzt. Andalusische Pferde sind sehr mutig und wurden im Stierkampf eingesetzt.

Shetland-Ponys arbeiteten früher in Kohleminen und trugen auch schwere Lasten, um Bauern und Wildhütern in Schottland zu helfen.

 **Wusstest Du schon:** Die kleinste Pferderasse der Welt ist das Falabella, es ist zwischen 38 und 76 cm groß. Sie werden Pferde genannt – obwohl sie Ponygröße haben!

KANNST DU HIER UNTEN FÜNF PFERDERASSEN ENTDECKEN?

```
S A R A B E R I D S
S F G S H I R E V H
P X W D L E M E N E
A A C F B R H O C T
I G F J A S D B V L
N R C O L I C O G A
T O L R D A C T Y N
U E X D C N N C G D
```

QUIZ: FINDE DIE RASSE

FINDE DIESE WORTE: Shetland, Araber, Paint, Shire, Fjord

VIELSEITIGE EINSATZMÖGLICHKEITEN FÜR PFERDE

Menschen nutzen Pferde seit Tausenden von Jahren für alle möglichen Dinge. Pferde wurden im Kampf, auf Farmen und als Transportmittel eingesetzt. Heute werden die meisten Pferde zum Spaß gehalten.

Einige Pferde werden noch für die Arbeit gehalten (Polizeipferde, Führponys, Forstarbeiten). Wenn ihr Reitturniere besucht, werdet ihr Pferde sehen, die Vielseitigkeit, Springreiten, Schauklassen und Dressur zeigen.

In den USA sind auch Westernreiten, Barrel Racing und Reining beliebt.

Neuerdings fangen die Leute an, TREC und Agility mit ihren Pferden zu machen. Es gibt auch alle Arten von Rennwettbewerben auf der ganzen Welt.

Pferde & Ponys gibt es in vielen verschiedenen Farben.

Dunkelfuchs	 Apfelschimmel	 Brauner	 Rappschimmel
 Schimmel	 Lichtfuchs	 Braunschecke	 Cremello
 Rappe	 Falbe	 Kohlfuchs	 Rotschimmel
 Palomino	 Appaloosa	 Schecke	 Buckskin

Wie macht man in der Pferdebranche ein kleines Vermögen? Beginne mit einem großen Vermögen

FARBEN DES PFERDES

Pferde gibt es in allen möglichen Schattierungen, Mustern und Markierungen. Die Hauptfarben sind Fuchs, Brauner, Dunkelfuchs und Schimmel.

Ein Schimmel kann fast schwarz geboren werden und mit zunehmendem Alter heller werden, bis er fast weiß ist.

Einige Rassen haben immer bestimmte Farben (wie Friesen und Fjordpferde) und andere Rassen wie Appaloosa sind für ihre gefleckten Markierungen bekannt.

 **Wußtest Du es:** Ein weißes Pferd wird Schimmel genannt. Die meisten grauen Pferde hatten eine viel dunklere Farbe, als sie jünger waren.

Pferdefarben-Wörterrätsel

ERRATE DAS WORT

- CHSFU
- RENUARB
- DUNFUKELCHS
- ECKESCH
- PPERA

Antworten: Fuchs, Brauner, Dunkelfuchs, Schecke, Rappe

Wusstest Du: Das Gehirn eines ausgewachsenen Pferdes wiegt 625 Gramm, etwa halb so viel wie ein menschliches Gehirn.

Teile des Pferdekörpers

- Genick
- Mähnenkamm
- Stirn
- Widerrist
- Maul
- Hüfthöcker
- Kruppe
- Lende
- Rücken
- Schweifrübe
- Kinngrube
- Schweif
- Schulter
- Ellbogen
- Unterarm
- Bauch
- Kniegelenk
- Unterschenkel
- Karpalgelenk
- Sprunggelenk
- Kastanie
- Röhrbein
- Röhrbein
- Fesselgelenk
- Kronsaum
- Fessel
- Sporn
- Fessel
- Ballen
- Huf

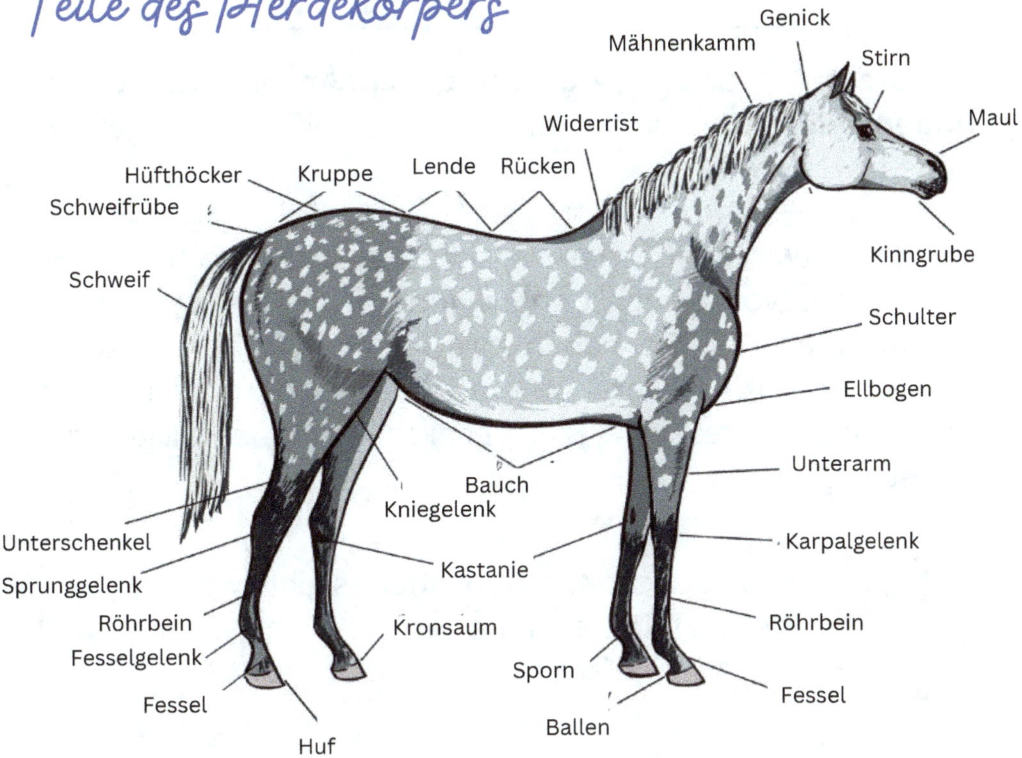

Als Pferdemensch ist es wirklich wertvoll, alle Teile des Pferdekörpers zu kennen. Nimm Dir einen Moment Zeit und studiere das Bild oben. Du musst diese Begriffe kennen, um Dein Wissen über Pferde zu verbessern!

 **Wie lang sollten die Beine eines Pferdes sein?** Lang genug, damit sie bis zum Boden reichen.

ANATOMIE DES PFERDES

Wusstest Du: Du kannst feststellen, ob ein Pferd kalt ist, indem Du es hinter den Ohren anfasst. Wenn diese Region kalt ist, dann gilt das ebenso für das Pferd.

Wusstest Du, dass Pferde die gleich Anzahl Halswirbel haben wie Du? Giraffen ebenso! Die meisten Säugetiere haben 7 Halswirbel.

Pferde entwickelten sich so, dass sie sehr schnell vor Gefahren davonlaufen konnten, indem sie ihre Beine sehr schlank machten. Sie haben ihre Füße auf einen einzigen Zeh an jedem Bein verengt, um sie leichter zu machen. Es macht auch ihre Beine zerbrechlicher und anfälliger für Verletzungen.

Karl hat acht Karotten, aber es gibt zwölf Pferde. Wie viele Karotten muss er halbieren, um jedem Pferd ein Leckerli zu geben?

4

Wusstest Du: Pferde können nur durch die Nase atmen, nicht wie Menschen durch den Mund.

DAS PFERDE-SKELETT

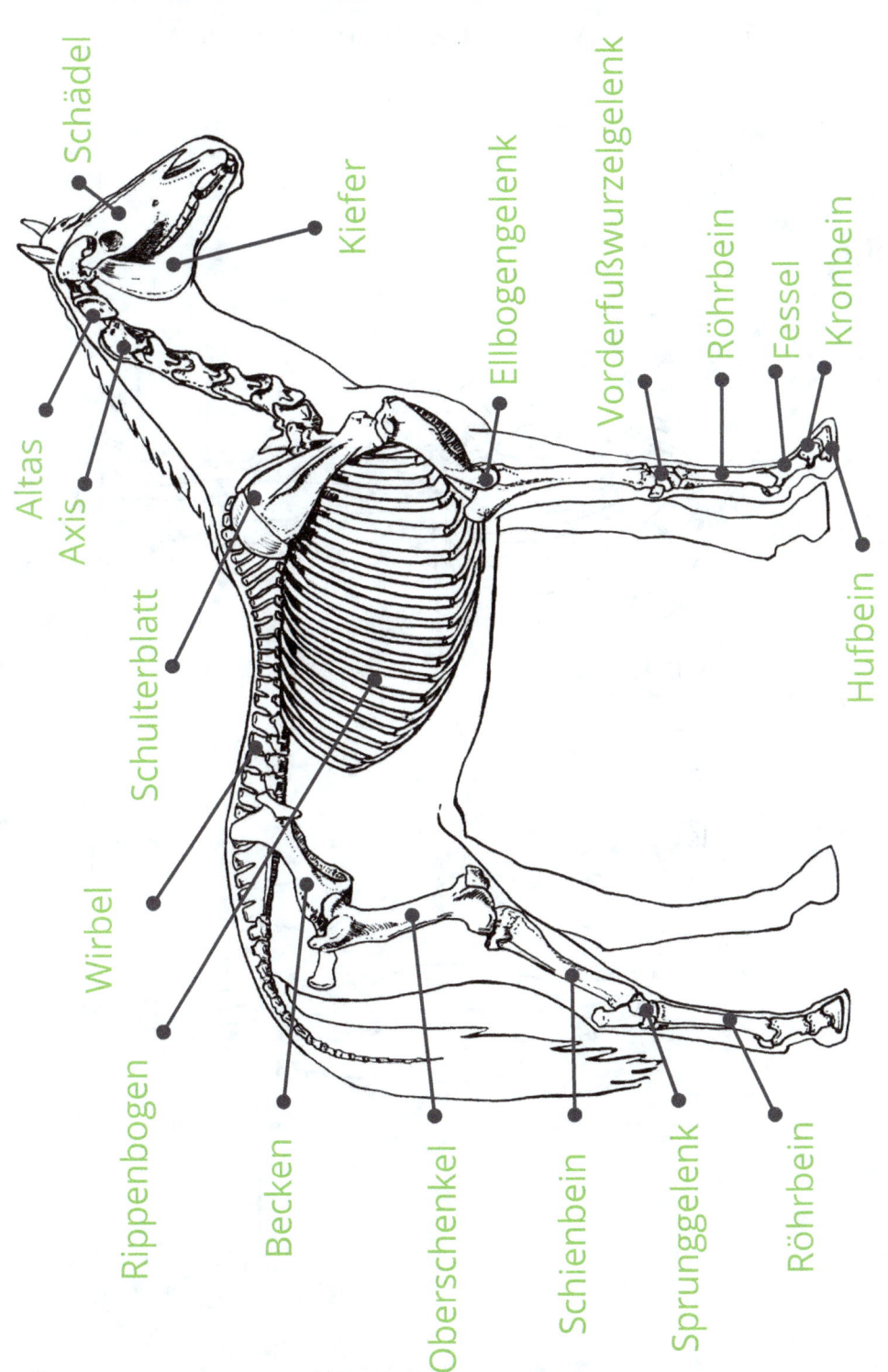

DAS PFERDE-SKELETT

Teste Dein Wissen über das Pferdeskelett

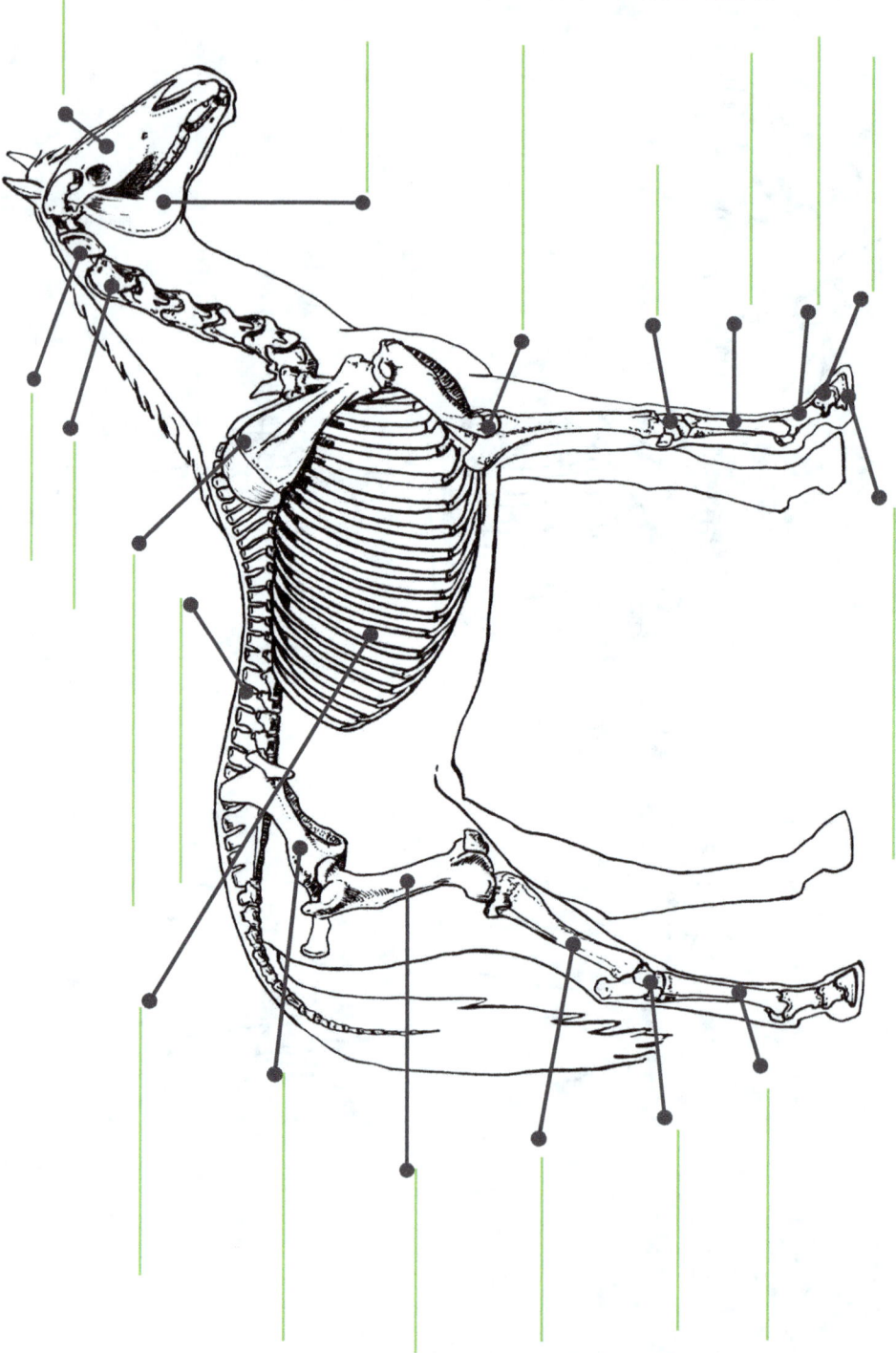

DIE ZÄHNE DEINES PFERDES

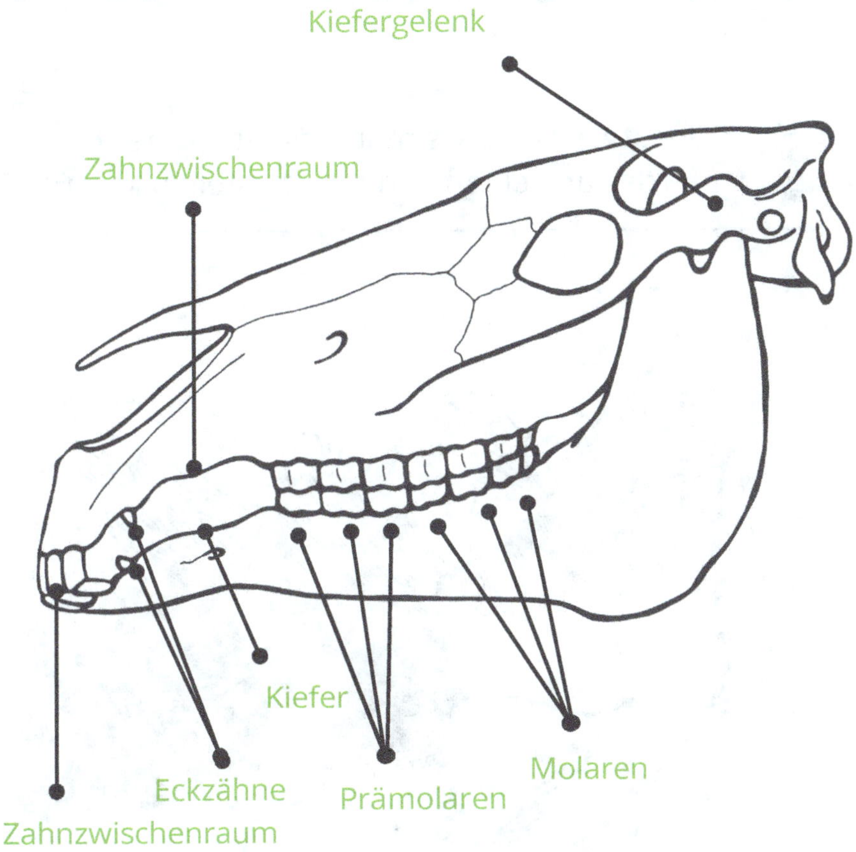

Kiefergelenk

Zahnzwischenraum

Kiefer

Molaren

Eckzähne Prämolaren

Zahnzwischenraum

Pferdezähne müssen ein- bis zweimal im Jahr von einem Pferdezahnarzt auf gleichmäßigen Verschleiß überprüft werden. Wenn sie scharfe Kanten bekommen, werden sie mit einer Raspel abgefeilt.

Pferde sollten wenn möglich vom Boden aus gefüttert werden, da dies dazu beiträgt, dass sich die Zähne richtig ausrichten und gleichmäßig abnutzen.

 **Wusstest Du:** Die Zähne eines Pferdes nehmen in seinem Kopf mehr Platz ein als sein Gehirn.

DIE ZÄHNE DEINES PFERDES

 Wusstest Du, dass man das Alter eines Pferdes an seinen Zähnen feststellen kann?

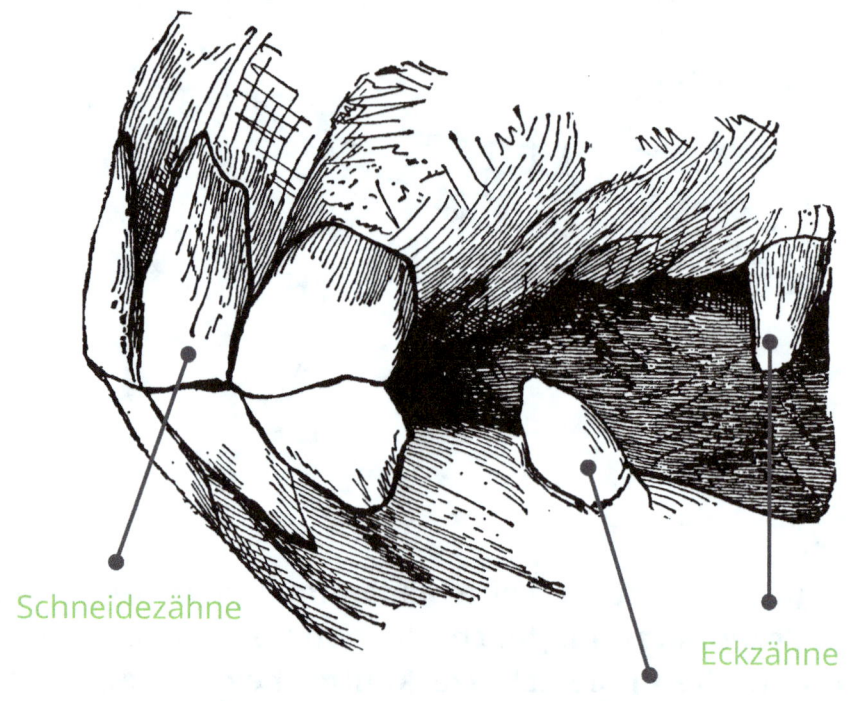

Schneidezähne

Eckzähne

Eckzähne

 **Interessante Tatsache:** Die linke Seite des Pferdes (oft die Seite, wo man aufsteigt) wird als "nahe" Seite bezeichnet. Die rechte Seite wird als "abgewandte" Seite bezeichnet.

DIE FÜßE DEINES PFERDES

Die Füße deines Pferdes werden Hufe genannt. Die Hufe eines Pferdes wachsen ständig. Pferdehufe können wund und unangenehm werden, wenn sie nicht regelmäßig bearbeitet werden. Sie können Risse bekommen und splittern, was nicht gut ist! Wie das alte Sprichwort sagt: Ohne Huf kein Pferd!

Es ist wirklich wichtig, sich immer um die Hufe Deines Pferdes zu kümmern.

Pferde müssen alle 4 - 6 Wochen vom Hufschmied bearbeitet werden, damit sie sich wohlfühlen. Viele Pferde müssen keine Hufeisen tragen. Wenn Dein Pferd Hufeisen trägt, sollte es einen Grund dafür geben – und nicht nur, weil die Pferde aller anderen es tun! Einige Pferde ohne Beschlag tragen auf hartem Untergrund Hufschuhe, wenn sie diese brauchen.

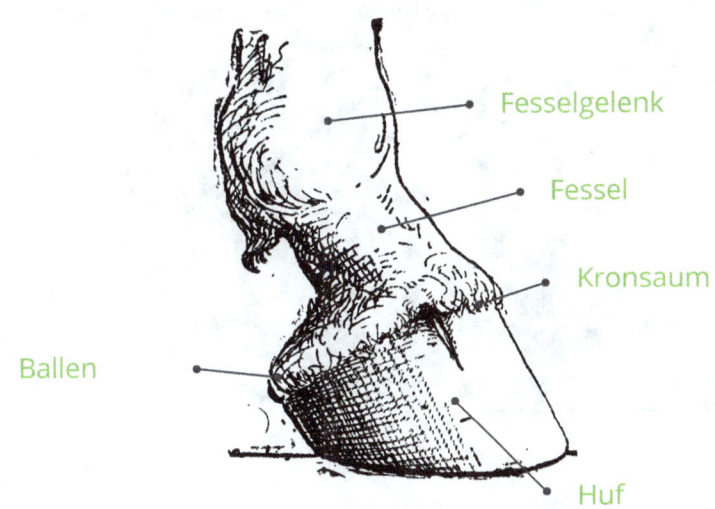

Fesselgelenk
Fessel
Kronsaum
Ballen
Huf

Wusstet ihr: Pferdehufe bestehen aus dem gleichen Protein aus dem menschliche Haare und Fingernägel bestehen.

DIE HUFE DEINES PFERDES

Kratzt täglich die Hufe Eures Pferdes aus und entfernt Schmutz oder kleine Steine mit einem Hufkratzer. Man verwendet einen Hufkratzer vom Ballen bis zur Zehenspitze. Man verwendet ihn nicht von der Zehe in Richtung Ballen.

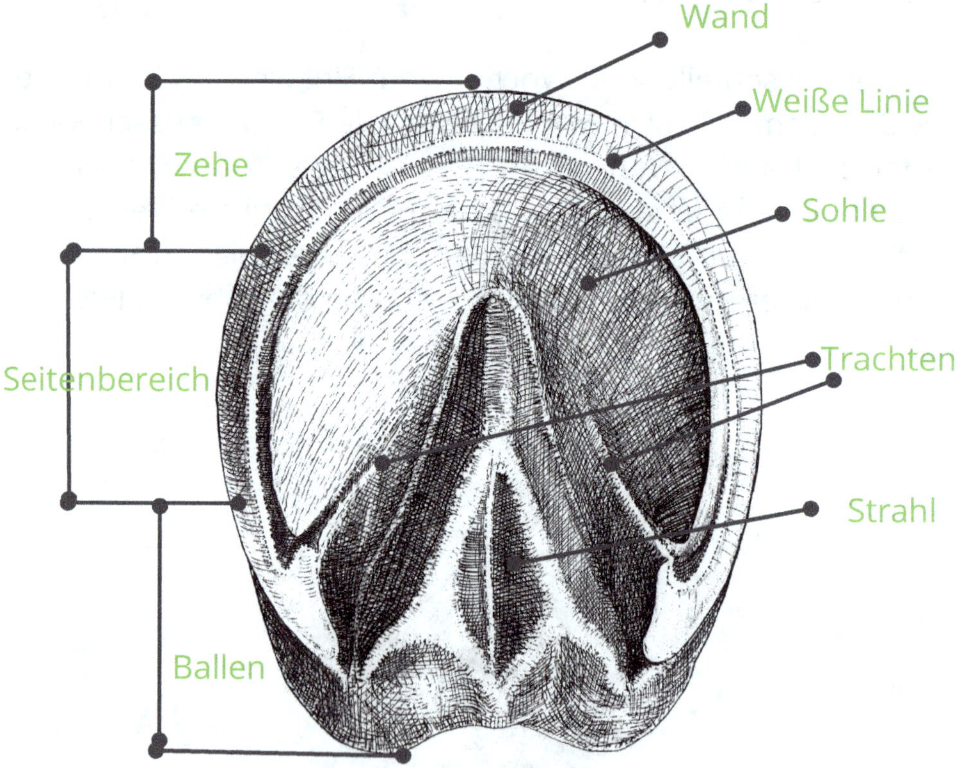

- Wand
- Weiße Linie
- Zehe
- Sohle
- Seitenbereich
- Trachten
- Strahl
- Ballen

© Karin Spijker

 **Wusstet ihr:** Es dauert 9 – 12 Monate bis ein Huf einmal komplett nachgewachsen ist.

 **Wusstet ihr:** Alle Pferde haben zwei tote Winkel, eines direkt vor und einen direkt hinter sich.

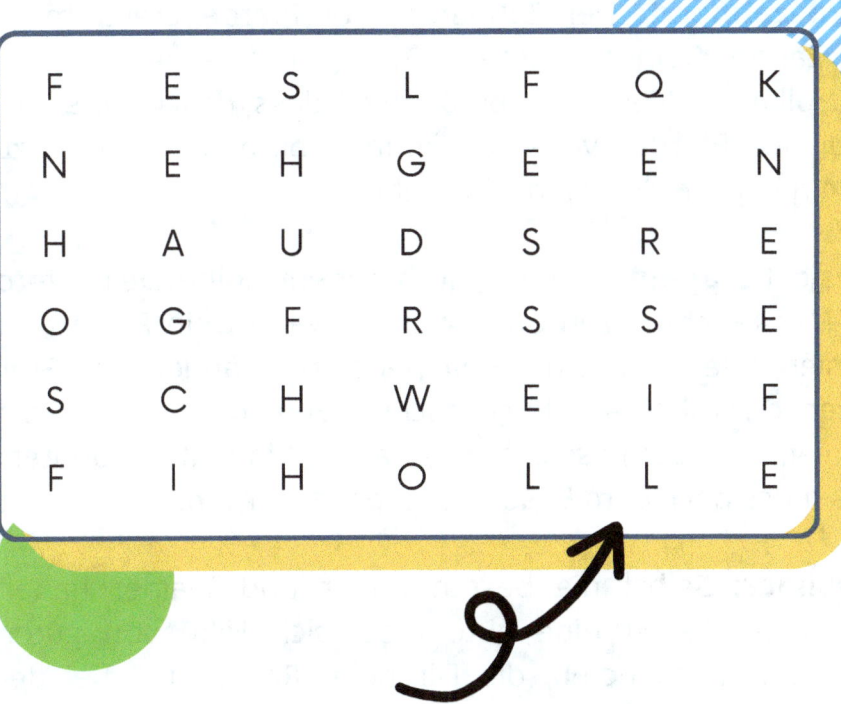

F	E	S	L	F	Q	K
N	E	H	G	E	E	N
H	A	U	D	S	R	E
O	G	F	R	S	S	E
S	C	H	W	E	I	F
F	I	H	O	L	L	E

Finde 3 Teile des Pferdekörpers:
Fessel – Huf – Schweif

 **Wusstest Du:** Da sich die Augen des Pferdes seitlich am Kopf befinden, können sie fast 360 Grad auf einmal sehen.

PFERDEMENSCHEN

Tierarzt: Der Tierarzt ist ein Arzt für das Pferd, der Dein Pferd mindestens einmal im Jahr untersuchen und ihm seine Grippe- und Tetanus-Impfungen geben muss. Der Tierarzt hilft Deinem Pferd auch, wenn es krank wird.

Pferdezahnarzt: Der Zahnarzt oder Pferdetierarzt muss die Zähne Deines Pferdes ein- oder zweimal im Jahr kontrollieren. Wenn ihr befürchtet, dass das Gebiss das Maul des Pferdes verletzen könnte, bittet den Zahnarzt, beim nächsten Besuch nachzusehen.

Physiotherapeut: Der Physiotherapeut sollte Dein Pferd auf Muskelschmerzen untersuchen, wenn Dein Pferd hart trainiert oder sich sein Arbeitspensum verändert hat. Stell sicher, dass ihr nach Rückenschmerzen fragt, die auf ein Problem mit der Passform des Sattels hindeuten könnten. Dies muss bei jedem Besuch überprüft werden.

Ausbilder: Selbst die besten Reiter und Trainer haben Unterricht. Es ist eine gute Idee, sich Hilfe von guten Instruktoren zu holen, die Dir beim Reiten und bei der Bodenarbeit helfen. Wir hören nie auf, etwas über Pferde zu lernen - egal wie alt wir sind!

Hufschmied: Der Hufschmied kümmert sich um die Hufe Deines Pferdes, aber Du solltest sie auch jeden Tag gründlich auskratzen und ausbürsten, besonders vor dem Reiten!

Sattel-Anpassung: Mindestens einmal im Jahr solltet ihr Euren Sattel von einem Sattelanpasser überprüfen lassen. Die Form Deines Pferdes kann sich sehr schnell ändern.

HILF DER PFERDEZAHNÄRZTIN IHRE WERKZEUGE ZU FINDEN

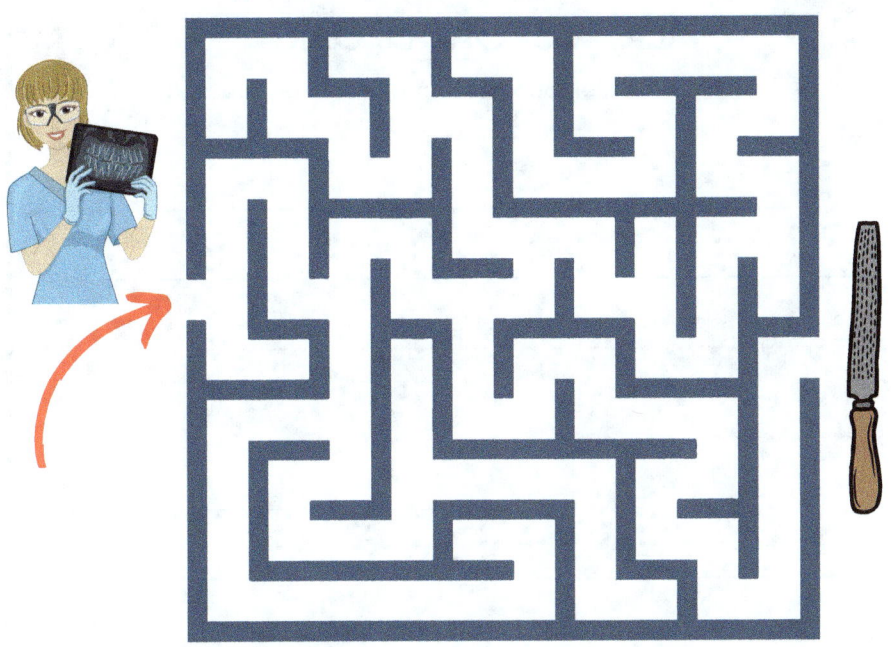

HILF DER PFERDEZAHNÄRZTIN IHRE WERKZEUGE ZU FINDEN

HANDSCHRIFTLICHE HERAUSFORDERUNG
Verfolge die Kleinbuchstaben dieser Pferdeleute

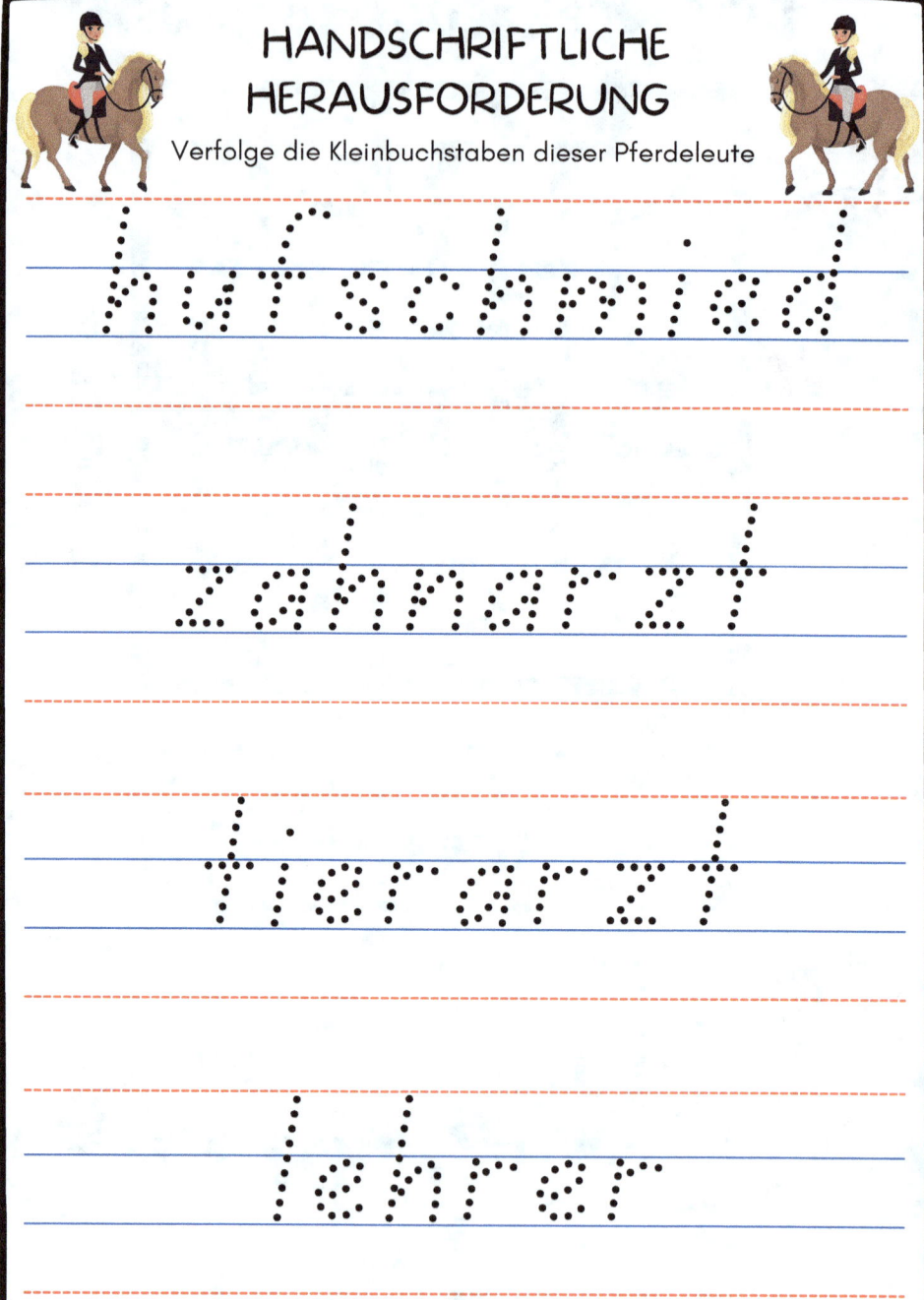

hufschmied

zahnarzt

tierarzt

lehrer

QUIZ: PFERDEMENSCHEN

1: Wenn mein Pferd krank ist werde ich ... rufen:

   a. Sattelanpasser
   b. Zahnarzt
   c. Tierarzt
   d. Bäcker

2: Wenn mein Pferd einen schmerzenden Zahn hat, werde ich ... rufen:

   a: Gärtner
   b. Hufschmied
   c. Lehrer
   d. Pferdezahnarzt

3. Wenn mein Pferd einen schmerzenden Huf hat, werde ich ... rufen:

   a. Hufschmied
   b. Physiotherapeut
   c. Sattelanpasser
   d. Feuerwehr

4. Wenn mein Pferd einen schmerzenden Rücken hat, werde ich .. rufen:

   a. Hufschmied
   b. Physiotherapeut
   c. Pferdezahnarzt
   d. Instruktor

Antworten: 1c, 2d, 3a, 4b

SO LEBT DEIN PFERD

Egal, ob Du Dein Pferd zu Hause, im Stall oder im Pferdehof hältst, alle Pferde brauchen:

Draußen sein mit anderen Pferden. Pferde sind Herdentiere und brauchen Gesellschaft und viel Bewegungsraum. Es ist nicht gut für den Körper eines Pferdes, den ganzen Tag still zu stehen.

Wusstest ihr: Pferde können sowohl im Stehen als auch im Liegen schlafen.

Schutz vor Regen und Wind. Wenn Dein Pferd keinen Stall hat, stell sicher, dass es irgendwo auf der Weide einen Platz gibt, wo Dein Pferd Regen und Wind entkommen kann und lasse es niemals zittern. Vielleicht ein paar Bäume oder ein Unterstand. Wenn Dein Pferd sehr alt ist, geschoren wurde oder gesundheitliche Probleme hat, muss es bei schlechtem Wetter möglicherweise eine Pferdedecke tragen.

Immer was zu essen. Die Mägen von Pferden unterscheiden sich stark von unseren. Sie müssen ständig naschen können und sollten niemals ohne Gras oder Heu bleiben. Sie können sehr schmerzende Bäuche bekommen, wenn sie längere Zeit ohne Nahrung bleiben und können beginnen, an Zäunen oder Ställen zu kauen. Dies kann zu ernsthaften gesundheitlichen Problemen führen.

SO LEBT DEIN PFERD

Selbst wenn Dein Pferd einen großen Stall hat, wird es sich sehr einsam fühlen, wenn es nicht rausgehen und sich mit Pferdefreunden treffen kann. Stell sicher, dass es seine Freunde immer noch sehen kann, wenn es in einem Stall ist.

Die meisten Pferde mögen es wirklich, sich über eine Mauer hinweg berühren zu können, damit sie sich nicht wie im Gefängnis fühlen! Denk daran, richtig auszumisten (Kot nicht einfach unter der Einstreu zu verstecken). Zu viel Urin in der Einstreu schädigt die Lungen Deines Pferdes. In Kot und Urin zu stehen ist ekelhaft, kann aber auch die Hufe Deines Pferdes ernsthaft schädigen.

Paddocks, Weiden & Zäune

Pferde sollten nicht in Ställen leben. Pferde sind darauf ausgelegt, sich den ganzen Tag über große Distanzen zu bewegen. Es ist sehr gut für Pferde, so viel Zeit wie möglich draußen zu verbringen. Viele Pferde leben rund um die Uhr draußen und mit Futter und Unterstand sind sie sehr glücklich und gesund.

Stell sicher, dass die Umzäunung rund um die Weide Deines Pferdes sicher ist, indem Du sie regelmäßig überprüfst. Halte alle Tore geschlossen. Stacheldraht ist gefährlich für Pferde und sollte vermieden werden.

FUTTER + WASSER

Pferde brauchen hauptsächlich Gras, Heu oder Heulage und sollten diese ständig haben. Pferde grasen mindestens 18 Stunden am Tag. Menschen essen normalerweise 3 Mahlzeiten am Tag, aber Pferde müssen den ganzen Tag über naschen. In der Natur finden Wildpferde auch Unkraut, Kräuter, Blätter, Beeren und Rinde zum Fressen.

Deine Weide und Dein Heu haben möglicherweise nicht genug Nährstoffe, so dass Dein Pferd möglicherweise auch ein wenig Mineralfutter oder einige Vitamine benötigt.

Wenn Dein Pferd viel Bewegung hat und mager wird, dann füge seiner Ernährung etwas Pferdefutter wie Zuckerrüben, Hafer oder Müsli hinzu. Dies wird als Kraftfutter bezeichnet und sollte nur in kleinen Mengen gefüttert werden.

FUTTER + WASSER

Dein Pferd muss auch auf der Weide immer frisches, sauberes Wasser haben. Überprüfe den Wassereimer oder -trog mindestens einmal am Tag und öfter, wenn es draußen heiß ist.

Verwende keinen Eimer mit Henkel, in dem sich Dein Pferd mit dem Bein verfangen könnte.

 Was ist schwarz und weiß und frisst wie ein Pferd? Ein Zebra.

Fütterungsregel: Füttere wenig & häufig

 Ein Pferd ist an ein 4,5 Meter langes Seil gebunden und knapp 8 Meter von ihm entfernt liegt ein Heuballen. Das Pferd kann aber trotzdem vom Heu fressen. Wie ist das möglich? Das Seil war nirgendwo angebunden.

Notiere jede Woche das Gewicht Deines Pferdes (Du kannst dafür ein Maßband zur Gewichtsbestimmung verwenden). Du möchtest weder, dass Dein Pferd zu dick noch zu dünn ist. Beides ist nicht gut für seine Gesundheit. Die körperliche Veränderung ihres Pferdes im Laufe der Zeit zu beobachten, ist für alle Pferdemenschen sehr wichtig.

Nützlicher Tipp: Sei geduldig mit Deinem Pferd. Bring ihm etwas Kleines bei und gib ihm dann eine Pause, um darüber nachzudenken. Pferdetraining braucht Zeit.

HILF DEN PFERDEN, IHR FUTTER ZU FINDEN!

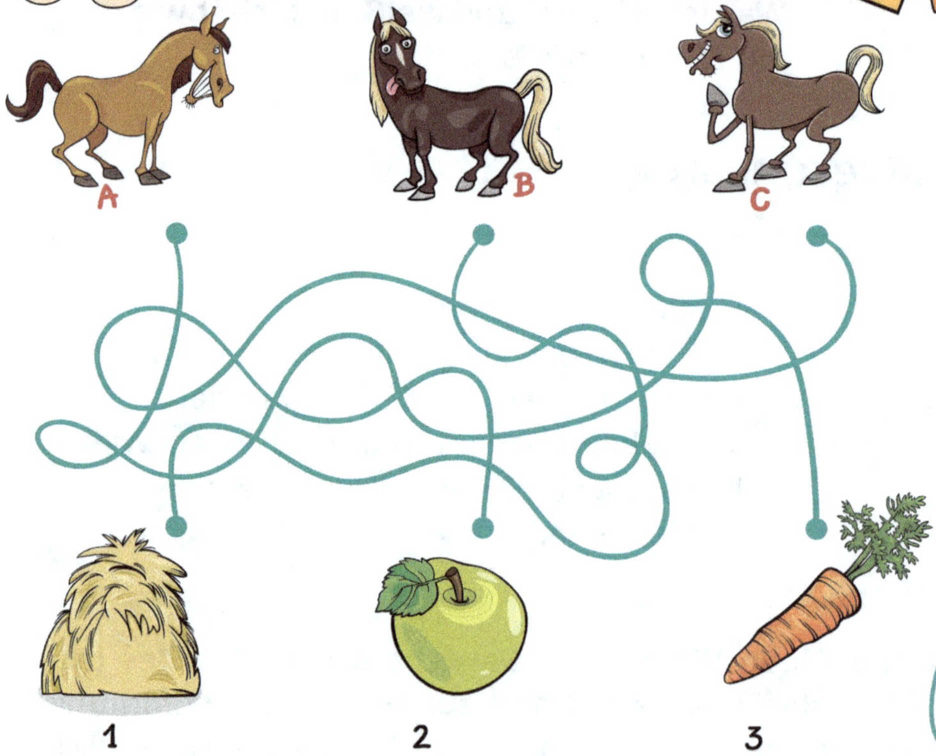

A3
B1
C2

 Nützlicher Tipp: Sei immer geduldig, sowohl mit Dir selbst als auch mit Deinem Pferd.

LECKEREIEN FÜR PFERDE

Karotten sind ein gesunder Leckerbissen. Ein gelegentliches Stück Apfel ist auch gut, aber nicht zu viel! Füttere in der Regel keine Leckerli von Hand, da Du Deinem Pferd beibringen können, aufdringlich zu sein (das ist nicht gut). Es ist sicherer, das Leckerli auf den Boden oder in einen Futternapf zu legen.

 Was ist unsichtbar und riecht nach Heu?
Ein Pferde-Pups.

Wenn Pferde lernen, dass Du Leckereien mit auf die Weide nimmst, könntest Du schließlich umgerannt werden oder sie dazu bringen, sich um Leckereien zu streiten und sich gegenseitig zu verletzen.

 **Wusstest Du:** Pferde sind Herbivore (Pflanzenfresser).

Wir wollen nicht, dass unsere Pferde giftige Pflanzen (z. B. Jakobskreuzkraut) fressen. Überprüfe Deine Koppel, um zu sehen, ob es welches gibt und entferne es so schnell wie möglich.

 Wenn eine Tüte Äpfel 3 € kostet und Du 5 Tüten gekauft hast, wie viel Wechselgeld bekämst Du von 20 €?

Antwort: 5 €

IST DEIN PFERD KRANK?

Es ist Deine Aufgabe, sich um Dein Pferd zu kümmern. Stell sicher, dass Du es jeden Tag überprüfen, indem Du es jeden Tag von beiden Seiten gründlich untersuchst. Beachte alles, was ungewöhnlich ist. Ein Pferd kann manchmal krank sein, aber es kann schwierig für uns sein, das herauszufinden!

Anzeichen dafür, dass Dein Pferd krank sein könnte:

- Ein hinkendes oder lahmes Pferd.
- Nicht zu essen oder zu trinken ist ein Zeichen dafür, dass Dein Pferd Bauchschmerzen haben könnte, was SEHR ernst für ein Pferd ist.
- Jedes ungewöhnliche Verhalten, wie allein auf dem Feld statt bei seinem Lieblingskumpel zu sein oder sich schläfrig zu verhalten.
- Husten oder eine laufende Nase mit weißem, gelbem oder grünen Rotz. Klarer Rotz ist ok!
- Pumpen und Schwitzen in Ruhe, auch wenn es draußen nicht heiß ist.
- Ein Schnitt oder Blut irgendwo am Körper.
- Alle Wunden.
- Zubildungen oder Schwellungen.

 **Wusstest Du,** dass Pferde mit rosa Haut auf der Nase einen Sonnenbrand bekommen können?

Wenn Du irgendwelche Anzeichen dafür siehst, dass Dein Pferd krank sein könnte oder wenn Du Dir nicht sicher bist, aber das Gefühl hast, dass es einfach nicht richtig ist, solltest Du immer einen Erwachsenen informieren, der sich mit Pferden auskennt. Der kann Dir bei der Entscheidung helfen, ob Du den Tierarzt, den Hufschmied, den Zahnarzt oder den Physiotherapeuten rufen solltest.

HILF DEM TIERARZT, DAS KRANKE PFERD ZU FINDEN

Wusstest Du, dass Pferde sich nicht übergeben können?

HÄUFIGE PFERDE-KRANKHEITEN

Eine Lahmheit kann durch Hufschmerzen, aber auch durch eine Muskel- oder Sehnenverletzung verursacht werden.

Hufabszess ist eine Infektion im Pferdehuf und kann so schmerzhaft sein, dass ein Pferd den Huf möglicherweise nicht auf den Boden stellen kann.

Koliken sind sehr schwere Bauchschmerzen. Pferde haben ein sehr empfindliches Verdauungssystem und können sich nicht übergeben. Wenn sie das Falsche oder zu viel vom Falschen auf einmal essen, können sie Koliken bekommen.

Magengeschwüre werden oft dadurch verursacht, dass man zu lange und zu oft auf Futter verzichten muss. Sie können auch durch Stress verursacht werden.

Rückenschmerzen können durch nicht passende Sättel oder durch Bewegung bei einem lahmen Pferd verursacht werden.

Ein geschwollenes Bein kann sogar durch eine kleine infizierte Wunde oder durch eine Sehnenverletzung verursacht werden. Manchmal schwellen zwei oder alle vier Beine von zu viel Zeit auf engem Raum an, wie z. B. in einem Stall.

Schlundverstopfung ist, wenn Futter im Hals des Pferdes stecken bleibt, wenn ein Pferd nicht richtig kaut oder etwas frisst, das es nicht sollte.

Häufige Pferde-Krankheiten

Atemallergien erschweren Deinem Pferd das Atmen. Manchmal kommt es von Pflanzenpollen, aber einige Pferde sind allergisch gegen Staub und man muss ihr gesamtes Heu wässern.

Infektionskrankheiten wie Grippe und Druse können von Pferd zu Pferd weitergegeben werden, insbesondere wenn neue Pferde in eine Gruppe eingeführt oder auf Turnieren vorgestellt werden.

 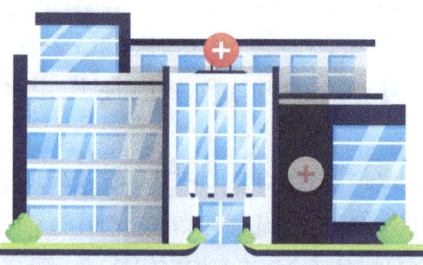 

Mauke ist eine schreckliche bakterielle Infektion, die normalerweise um die Fesseln des Pferdes herum entsteht, wenn es zu lange im Nassen steht. Es kann auch als Regenräude auf dem Rücken des Pferdes erscheinen, sogar unter der Decke.

Würmer – Wenn Dein Pferd nicht regelmäßig entwurmt wird, können sich Würmer vermehren und Koliken oder Geschwüre verursachen.

 **Wusstest Du schon:** Pferde legen sich normalerweise nicht zusammen hin, da mindestens eines als Ausguck fungiert, um seine Freunde vor möglichen Gefahren zu warnen.

Wörterrätsel

PFERDEKRANKHEITEN

ERRATE DAS WORT

- KILKO
- BRASONNENND
- LHAHMEIT
- THUENS
- UENINFLZA

Antworten: Kolik, Sonnenbrand, Lahmheit, Husten, Influenza

SO PFLEGST DU DEIN PFERD

Die Pflege Deines Pferdes ist eine gute Methode, um nach Schnitten und Schrammen zu suchen, und kann Dir dabei helfen, eine Bindung zu Deinem Pferd aufzubauen. Du solltest Dein Pferd immer putzen, bevor Du aufsattelst oder eine Decke auflegst, da sonst schlammige Stellen auf dem Fell Deines Pferdes Wunden verursachen können.

Die Pflege soll Deinem Pferd Freude bereiten. Wenn es Bereiche gibt, wo Dein Pferd nicht gerne berührt wird, versuche zu einem Bereich seines Körpers zurückzukehren, mit dem es zufrieden ist und bewege Dich dann langsamer auf den Bereich zu, der ihm nicht gefallen hat.

Oder vielleicht musst Du etwas sanfter sein. Vielleicht bevorzugt Dein Pferd bestimmte Bürsten gegenüber anderen. Das Putzen sollte sowohl für Dich als auch für Dein Pferd ein glückliches und entspannendes Erlebnis sein. Dein Pferd sollte gerne am losen Seil stehen, während Du es putzt. Auf diese Weise kann sich Dein Pferd bewegen und mit Dir kommunizieren, wenn ihm das Putzen zu irgendeinem Zeitpunkt unangenehm ist.

Wenn Dein Pferd sehr unzufrieden damit ist, dass Du einen bestimmten Bereich pflegst, kann es sein, dass es dort wund ist. Dann wäre es eine gute Idee, mit der Untersuchung zu beginnen, ob es irgendwo Schmerzen hat. Manchmal können Pferde Geschwüre haben, die Du nicht sehen kannst, wodurch sie sich sehr unwohl fühlen können.

SO PFLEGST DU DEIN PFERD

Die wichtigsten Werkzeuge, die Du in Deinem Putzzeug haben solltest, sind: ein Striegel, eine Kardätsche, eine grobe Bürste, zwei Schwämme (einen für den Po und einen für das Gesicht), einen Hufkratzer, eine Hufbürste, eine Mähnen- und Schweifkamm oder Haarbürste.

Denke an das wichtigste Putzzeug überhaupt: Deine Hände!

Fühle beim Putzen mit den Fingern nach Zubildungen, Beulen und Kratzern. Du siehst vielleicht nicht immer alles unter all den Haaren, aber deine Finger werden fühlen, ob es Schlammklumpen oder vielleicht einen Schorf oder Schnitt gibt.

PUTZZEUG LABYRINTHE

Finde die Putzbürste im jeweiligen Labyrinth.

AUSRÜSTUNG FÜR DAS PFERDETRAINING

Das für Pferde verwendete Trainingsgerät wird als Ausrüstung bezeichnet. Die verwendeten Hauptbestandteile umfasst den Sattel, das Zaumzeug, ein Halfter oder Kopfstück und ein Führstrick.

Es gibt einige andere Arten von Ausrüstung, sogenannte Hilfszügel. **Hilfszügel zwingen Dein Pferd zu einer bestimmten Bewegung und sind nicht gut für die Muskeln Deines Pferdes und können sogar Schmerzen verursachen.** Manchmal versuchen Menschen (sogar erfahrene Menschen), ein Pferd mit Hilfszügeln zu zwingen, seinen Körper zu runden oder seine Nase an seine Brust zu nehmen oder seinen Kopf tiefer zum Boden zu tragen. Dies ist sehr schlecht für die Gesundheit Deines Pferdes und sollte unbedingt vermieden werden. Es gibt keine Abkürzungen für gute Reitkunst. Bei der Auswahl des Zaumzeugs für Dein Pferd ist das Wichtigste, dass es richtig sitzt, in gutem Zustand ist und bequem für Dein Pferd ist.

TÄGLICHE SATTEL-ÜBERPRÜFUNG

Der Körper von Pferden verändert sich im Laufe der Zeit. Auch Sättel können verschleißen. Jeden Tag, bevor Du den Sattel auf Dein Pferd legst und nach dem Ausritt solltest Du mit der Hand sanft über den Rücken Deines Pferdes streichen, in der Sattellage, und nach wunden Stellen suchen.

QUIZ ZUM PFERDETRAINING

1: Das Ding, auf dem Du sitzt, wenn Du reitest, heißt:

    a: Decke
    b: Striegel
    c: Sattel
    d: Halfter

2: Hilfszügel sind:

    a: Ausrüstungsbestandteile, die das Pferd in eine bestimmte Bewegung zwingen
    b: Teil der Trense
    c: Eine Art Sattelgurt
    d: Eine gute Idee!

3: Das Wichtigste bei der Auswahl der Ausrüstung für ein Pferd ist:

    a: Dass die Farben zum meinem Pferd passen
    b: Dass die Ausrüstung wirklich teuer ist
    c: Dass Trense und Sattel die gleiche Farbe haben
    d: Dass sie richtig gut passen

4: Wenn Dein Pferd sich plötzlich komisch benimmt währen des Reitens musst Du diesen Ausrüstungsgegenstand überprüfen, ob er dem Rücken Deines Pferdes weh tut:

    a: Deine Reitkappe
    b: Dein Sattel
    c: Dein Stall
    d: Dein Mantel

Antworten: 1c, 2a, 3d, 4b

PFERDE-MATHEMATIK:

Zähle die einzelnen Teile:

1 =

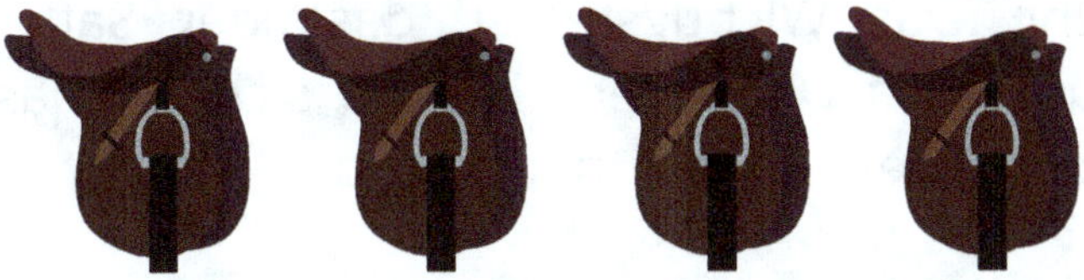

2 =

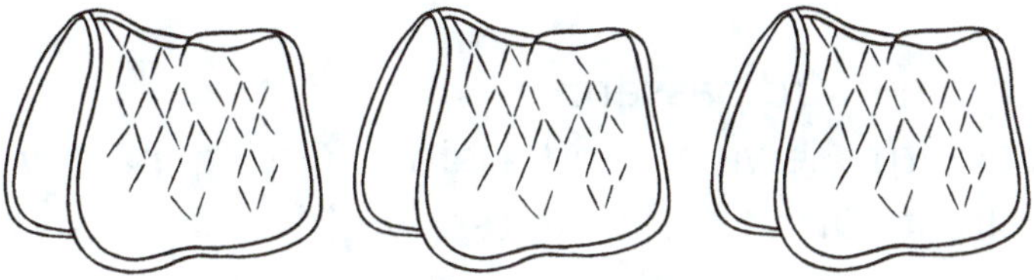

3 =

4 =

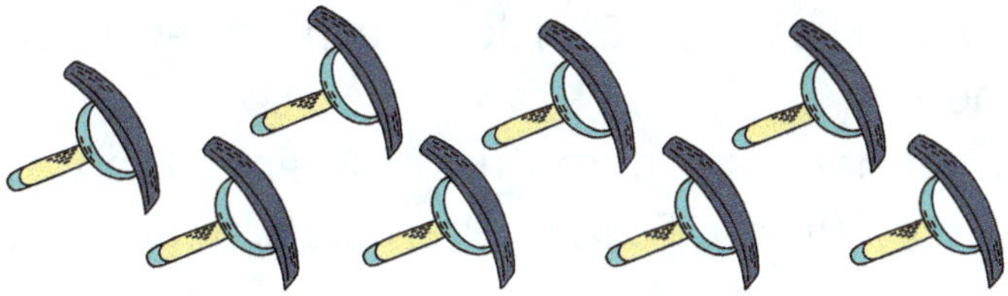

5 =

Sättel

Es gibt viele verschiedene Arten von Sätteln: Englisch (Dressur, Springen oder Vielseitigkeit), Western, Rennsättel, baumlose Sättel, Distanzsättel, Stocksättel und viele mehr. Das Wichtigste ist, dass der Sattel bequem für Dich und Dein Pferd ist und sich für das eignet, was Du und Dein Pferd tun möchten.

Dein perfekter Sattel:

- Sollte zu Deinem Pferd passen.
- Sollte zu Deinem Gewicht und Deiner Größe passen und Du solltest Dich beim Reiten wohl und sicher fühlen. Der Sattel sollte nicht zu groß oder zu klein für Dich sein. Es ist ziemlich schwierig, den perfekten Sattel zu finden, der zu Dir und Deinem Pferd passt!
- Deine Beine und Knie dürfen beim Reiten nicht wund werden.
- Sollte auf dem Pferd nicht nach links oder rechts rutschen.
- Sollte nicht am Hals des Pferdes hoch- oder nach hinten rutschen.
- Er sollte nicht zu lang auf dem Rücken Deines Pferdes sein (kann den Rücken Deines Pferdes schmerzhaft verändern)
- Er sollte die richtige Weite für Dein Pferd haben – nicht zu schmal und nicht zu breit (beides ist schlecht!).
- Wenn Du reitest, sollte der Sattel Dich natürlich in eine Position bringen, in der man eine Linie von Deiner Schulter über Deine Hüfte bis zu Deiner Ferse ziehen kann.

Teile der Trense

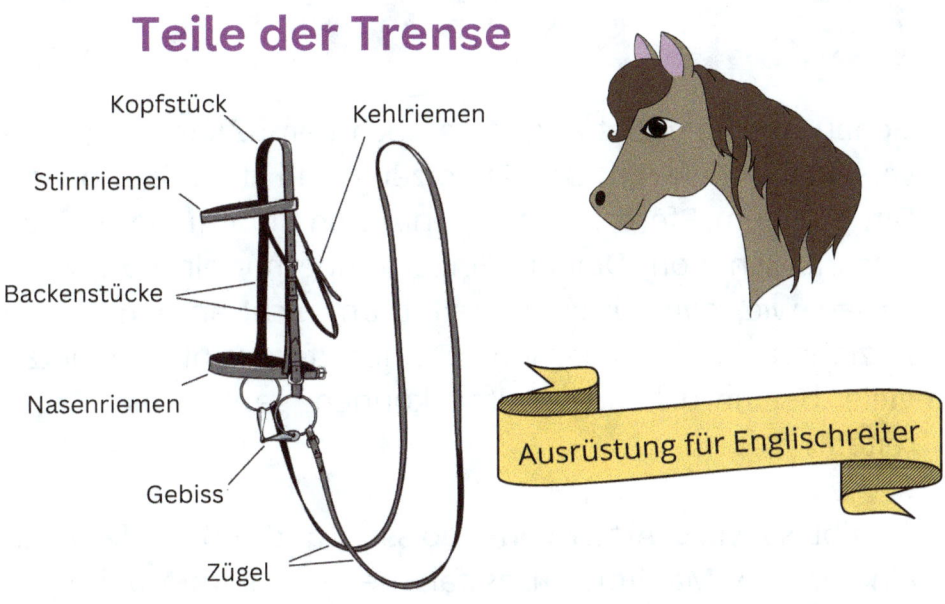

Ausrüstung für Englischreiter

Teile des Sattels

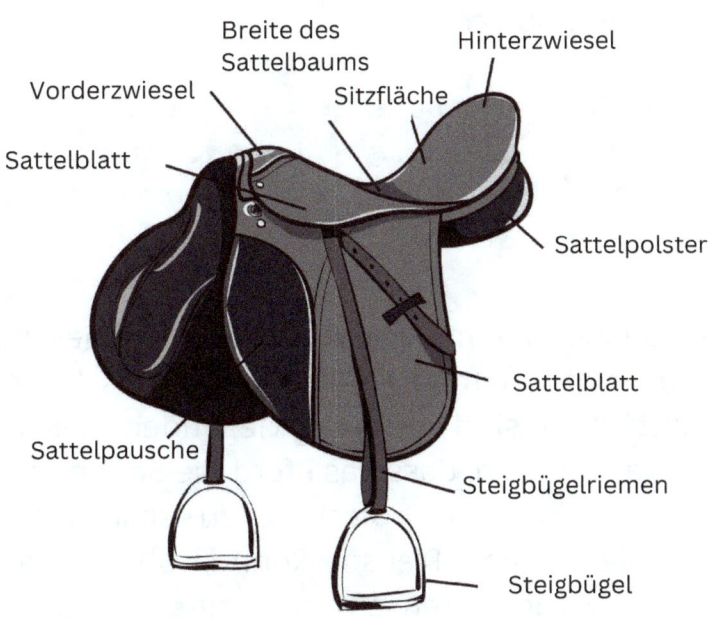

TEILE DES SATTELS

Genau wie beim Sattel gibt es auch beim Zaumzeug viele verschiedene Arten. Das Zaumzeug und die Zügel helfen Dir, mit dem Pferd zu kommunizieren, indem sie winzige Nachrichten von Deinen Fingern übermitteln. Du wirst lernen, wie man gut genug reitet, um nicht an den Zügeln zu ziehen, damit Du das Maul Deines Pferdes nicht verletzt. Viele beeindruckende Reiter können ganz ohne Zaum reiten!

Es gibt so viele Arten von Gebissen und jedes Pferd hat eine andere Maulform. Das falsche Gebiss im Maul eines Pferdes zu benutzen ist also ein häufiges Problem auf der ganzen Welt. Manche Pferde sollten aufgrund der Art und Weise, wie ihre Zähne gewachsen sind NIEMALS ein Gebiss verwenden, da es beim Reiten immer gegen ihre Zähne schlagen wird. Autsch!

"Beeindruckende Reiter haben sehr sensible und leichte Hände. Sie können alle ihre Finger unabhängig voneinander benutzen, um auf subtile Weise mit dem Pferd zu kommunizieren und es entwickelt sich ein wunderschöner Tanz."

Wenn Du einen Zaum verwendest, wähle einen mit einem einfachen Nasenriemen, der das Maul des Pferdes nicht zuschnürt. Diese sind in einigen Gegenden üblich, aber sie können dazu führen, dass das Pferd die Spannung im Maul hält und es schwierig machen, zu schlucken und zu gähnen. Die meisten Trensen können ohne Nasenriemen verwendet werden. Trensen und Halfter müssen bequem sitzen und dürfen weder zu eng noch zu locker sein.

GEBISSLOSE ZÄUMUNGEN

Einige Zäumungen wie Hackamores aus Kalifornien (Bosal & Mecate) und andere gebisslose Zäumungen haben keine Gebisse! Gebisse werden beim Reiten nicht immer benötigt. Tatsächlich sind viele Pferde glücklicher und laufen besser ohne ein Gebiss im Maul.

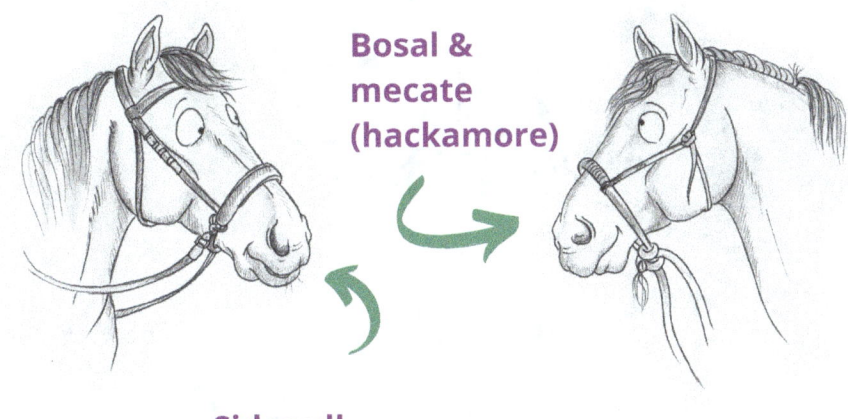

Bosal & mecate (hackamore)

Sidepull

Das Knotenhalfter wird hauptsächlich für die Bodenarbeit verwendet, aber viele Reiter, die ihre Pferde gut trainiert haben, verwenden zum Reiten auch ein Halfter anstelle eines Zaumzeugs.

Trensen und Halfter müssen bequem sitzen und dürfen weder zu eng noch zu locker sein.

Bei allen Trensen und Halftern sollte der Nasenriemen etwa auf halbem Weg zwischen der Spitze des Nasenlochs und dem Auge sein. Ein zu niedriger Nasenriemen kann Deinem Pferd das Atmen erschweren.

Teile der Western-Trense

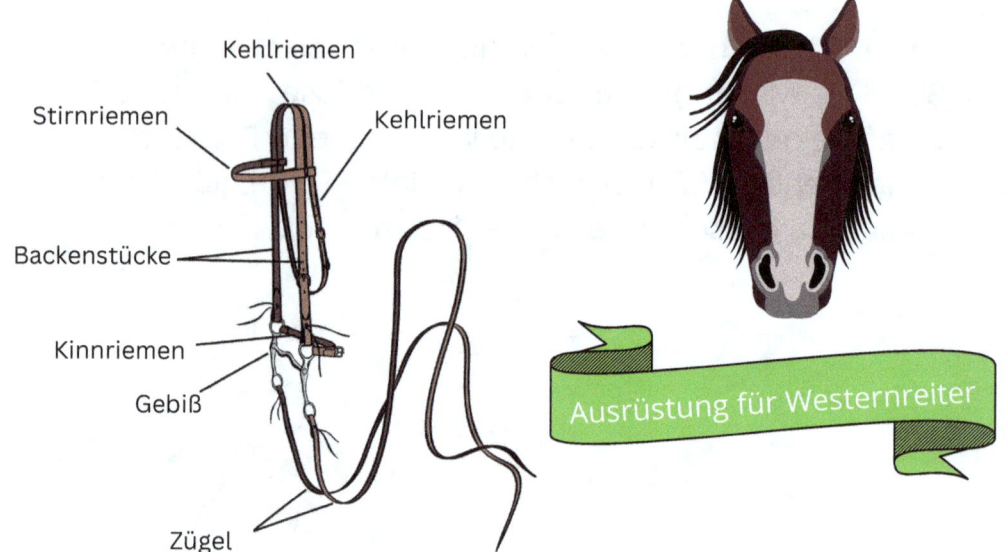

Ausrüstung für Westernreiter

Teile des Westernsattels

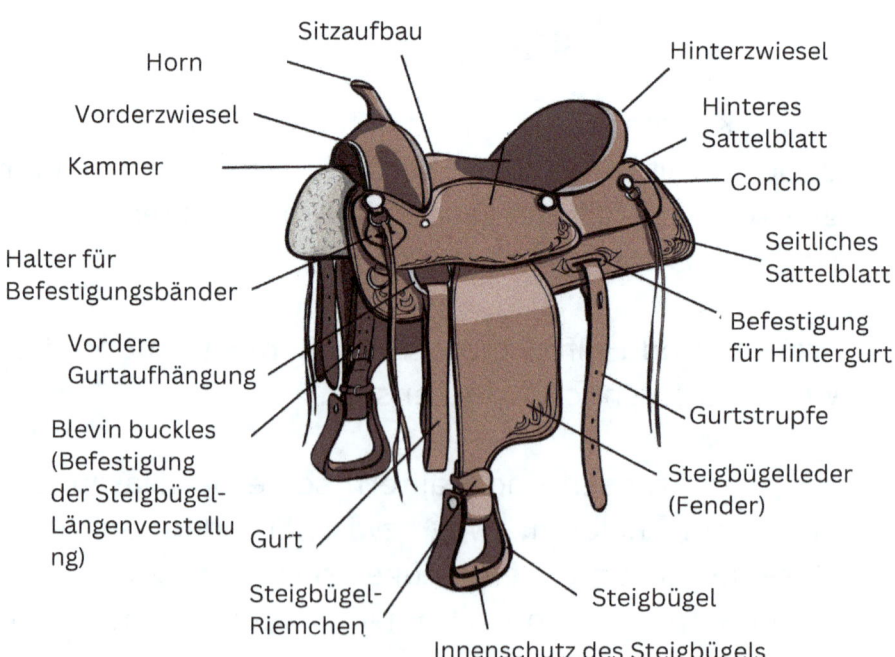

LABYRINTH

FINDE DEN VERLORENEN SATTEL

Beginne hier

AUSRÜSTUNG FÜR PFERDE

E	Y	S	S	H	T	B	
N	E	A	G	A	R	R	R
S	A	T	U	L	E	I	
Y	G	T	R	T	N	D	
E	O	E	T	E	S	L	
H	A	L	F	T	E	R	

Finde 4 Teile der Ausrüstung für Pferde

Antworten: Sattel, Trense, Gurt, Halfter

PFERDE-MATHEMATIK-PUZZLE

Als das Pferd Chester 8 Jahre alt war, war sein Bruder halb so alt wie er. Jetzt ist Chester 14 Jahre alt – wie alt ist sein Bruder jetzt?

Antwort: Sein Bruder ist 10 Jahre alt. Die Hälfte von 8 ist 4, also ist der jüngere Bruder von Chester dem Pferde 4 Jahre jünger. Dies bedeutet, wenn das Pferd Chester jetzt 14 Jahre alt ist, ist sein Bruder immer noch vier Jahre jünger, also ist er 10.

Säubern der Ausrüstung

Du musst Dich um Dein Zaumzeug kümmern und es oft reinigen, damit es für Dein Pferd weich bleibt und keine Reibungen oder Wunden verursacht. Zaumzeug, welches zu steif wird, kann sich auch abnutzen, einreißen und reißen, was es sehr unsicher macht.

Reinige Dein Zaumzeug und Gurt nach jedem Ritt, auch wenn Du Deinem Pferd nur den Schweiß abwischt. Außerdem solltest Du das Gebiss nach jedem Ritt mit klarem Wasser waschen.

Für eine gründliche Reinigung mindestens einmal pro Woche oder jedes Mal, wenn es matschig wird, reinige Dein gesamtes Sattelzeug mit Sattelseife, Lederöl und sauberem Wasser. Bewahre Dein Zaumzeug immer an einem trockenen und sicheren Ort auf.

SICHERHEIT

Denke immer daran, dass Pferde sich sehr schnell und plötzlich bewegen können, falls sie erschrecken. Sie sind groß und können Dich sehr schwer verletzen, ohne es zu wollen. Du kannst nicht immer sehen oder hören, was sie tun. Bis Du sehr erfahren bist, solltest Du immer darauf achten, dass Du einen Erwachsenen in der Nähe hast, wenn Du dich in der Nähe von Pferden aufhältst.

Pferde haben ihre Augen an den Seiten ihres Gesichts, was bedeutet, dass sie alles um sich herum sehr gut sehen können, außer direkt vor und direkt hinter sich. Versuche Dich den Pferden immer von der Seite zu nähern, damit sie Dich kommen sehen können. Obwohl sie lieber leise kommunizieren, stelle sicher, dass die Pferde Dich hören können, wenn Du hinter ihnen bist, indem Du mit ihnen sprichst. Schleiche Dich niemals an ein Pferd heran.

Sicherheit beim Reiten

- Trage einen Reithelm, um Deinen Kopf zu schützen, falls Du herunterfällst.
- Trage Stiefel mit kleinem Absatz, damit Deine Füße nicht durch die Steigbügel rutschen

Sicherheit am Boden

- Trage einen Reithelm, um Deinen Kopf zu schützen.
- Sei in der Lage, Dein Pferd von beiden Seiten (links und rechts) führen zu können.

- Wickle Dein Führseil niemals um Deine Hand. Falte stattdessen das Seil, damit Du es bei Bedarf leicht loslassen kannst.

QUIZ RUND UM DIE SICHERHEIT BEI PFERDEN

1: Ein Pferd, das Du liebst, wird Dir nie weh tun, weil es Dich auch liebt.

  a: Wahr
  b: Falsch

2: Du solltest immer einen Erwachsenen in der Nähe haben, wenn Du bei den Pferden bist, es sei denn, Du bist sehr erfahren.

  a: Wahr
  b: Falsch

3. Selbst ein Pferd, das sehr gut ausgebildet ist und dich gut kennt, kann erschrecken und sich sehr plötzlich bewegen.

  a: Wahr
  b: Falsch

4: Der beste Weg, sich einem Pferd zu nähern, besteht darin, sich leise direkt hinter ihm anzuschleichen und dann laut zu schreien, um ihm mitzuteilen, wo Du bist.

  a: Wahr
  b: Falsch

5: In welchem Alter weiß man alles über Pferde?

  a: 18
  b: 45
  c: 80
  d: Du wirst niemals alles wissen.

d: Du wirst niemals alles wissen.

PFERDE REITEN + TRAINIEREN

Pferde werden nicht mit dem Wissen geboren, wie man sie reitet. Das muss man ihnen beibringen. Ein Pferd, dem man zeigt, wie man es freundlich behandelt und reitet, wird glücklich sein, wenn jemand es reitet. Bevor Pferden das Reiten beigebracht wird, ist es sehr wichtig, dass sie trainiert werden, auch viele andere Dinge zu verstehen.

Ihre Herde für kurze Zeit zu verlassen, ihre Füße hochzuheben, brav geführt zu werden und zu lernen, berührt und gepflegt zu werden sind alles Dinge, die mit Geduld, Freundlichkeit und Verständnis gelehrt werden müssen. Einige Monate, bevor Dein Pferd glücklich einen Reiter tragen soll, musst Du mit den Vorbereitungen beginnen. Dies könnte beinhalten:

- Sich an neue Orte zu gewöhnen, indem Du Dein Pferd jede Woche ein paar Kilometer an der Hand führst. Das sollte jedes Pferd tun, bevor es geritten wird. Dies hilft dem Pferd, sehr selbstbewusst und sicher beim Reiten zu werden.
- Zunehmendes Vertrauen. Zeige Deinem Pferd die Ausrüstung, die Du in Zukunft verwenden wirst. Geräusche mit dem Sattelgurt oder Deckengurt machen. Mit den Steigbügeln Geräusche machen. Die Schabracke oder Satteldecke auf den Rücken Deines Pferdes legen.
- Einfache Bodenarbeitslektion nur mit einem Halfter am Boden zu absolvieren wie vorwärts gehen, rechts und links drehen und rückwärts gehen.
- Im Umgang mit Menschen glücklich und selbstbewusst sein und keine Angst oder Sorge haben.
- Nimmt Dir Zeit. All dies geschieht, bevor jemand zum ersten Mal auf dem Pferd sitzt. Dieser Teil des Prozesses dauert in der Regel einige Monate und lohnt sich. Gutes Pferdetraining ist langsam und erfordert Zeit und Geduld, um es richtig zu machen.

Es ist sehr wichtig, dass Pferde nicht geritten werden, bis sie mindestens 4 Jahre alt sind. Das liegt daran, dass sie wachsen müssen, damit ihre Knochen und Muskeln stark genug sind. Wenn Pferde in jungen Jahren zu viel geritten werden, kann dies später in ihrem Leben Schmerzen und gesundheitliche Probleme verursachen.

Nur weil sie groß sind und schnell laufen können, heißt das nicht immer, dass ihre Knochen und Muskeln stark genug sind, um einen Reiter zu tragen.

Wusstest Du schon: Pferde benutzen ihre Ohren, Augen und Nasenlöcher, um ihre Stimmung auszudrücken. Sie kommunizieren ihre Gefühle auch durch Mimik.

Nicht alle Knochen eines Pferdes sind im gleichen Alter ausgewachsen. Dies hängt von ihrer Größe und Rasse ab und tritt frühestens im Alter von 5,5 Jahren und manchmal erst mit 8 Jahren ein.

Nicht alle Knochen eines Pferdes sind im gleichen Alter ausgewachsen. Dies hängt von ihrer Größe und Rasse ab und tritt frühestens im Alter von 5,5 Jahren und manchmal erst mit 8 Jahren ein.

Pferdetraining

WÖRTERRÄTSEL

ERRATE DAS WORT!

- EREITN
- ARBBODENEIT
- ULGEDD
- RAVERTUEN
- ITZE

Antworten: Reiten, Bodenarbeit, Geduld, Vertrauen, Zeit

BODENARBEIT

Bodenarbeit ist alles, was Du mit Deinem Pferd tun, wenn Du nicht reitest. Es ist sehr wichtig. Bodenarbeit ist eine großartige Möglichkeit, um die Kommunikation zu üben, Vertrauen aufzubauen, Deinem Pferd Übungen beizubringen und sich auf die gerittene Arbeit vorzubereiten. Fast alles, was Dein Pferd beim Reiten können muss, solltest Du ihm zuerst am Boden beibringen.

 Wusstest Du schon: Beim Horsemanship geht es nicht nur ums Reiten!

Bodenarbeit wird verwendet, um Deinem Pferd beizubringen, sich führen zu lassen und Schritt zu gehen, zu traben, zu galoppieren, abzubremsen, anzuhalten und sich zu drehen. Es bedeutet nicht immer, die ganze Zeit im Kreis zu longieren. Das wäre wirklich langweilig und könnte sogar die Knochen und Muskeln des Pferdes belasten. Bodenarbeit kann ebenso bedeuten, spazieren zu gehen und neue Dinge erkundet. Eine andere Möglichkeit, Bodenarbeit zu leisten, ist ohne Halfter oder Seil. Das nennt man Freiarbeit. Dies ist eine gute Möglichkeit, um zu testen, wie gut Du ohne Hilfsmittel mit Deinem Pferd kommunizieren kannst.

Erinnerst Du dich an die Annäherungs- und Rückzugsübung? Freiheitsarbeit beginnt damit. Schau, was passiert, wenn Du Dein Pferd in der Arena freilässt.

- Kannst du es dazu bringen, Dir zu folgen, oder will es sich nur wälzen und am Zaun nach Gras suchen?
- Kannst du es dazu bringen, sich umzudrehen?
- Kannst du es dazu bringen, mit Dir in alle Richtungen zu gehen, über Stangen?

BODENARBEIT

Das Wichtigste bei der Bodenarbeit ist, dass Dein Pferd selbstbewusst und entspannt ist. Dein Führstrick sollte immer etwas durchhängen, damit Du weißt, dass weder Du noch das Pferd zieht.

Du solltest immer geduldig, konsequent und freundlich sein. Das heißt, wenn es mal nicht so läuft, wie Du es dir vorstellst, musst Du dir überlegen, ob Dein Pferd wirklich versteht, was Du willst. Bist Du eindeutig? Kennt Dein Pferd die Antwort? Möglicherweise benötigst Du dabei Hilfe. Versuche also, Unterricht von guten Lehrern zu erhalten oder finde gute Videos, die Du dir ansehen kannst, damit Du lernen kannst.

Denke daran, beende die Lektion immer mit einem guten Eindruck und hinterlasse in Deinem Pferd den Wunsch, mehr tun zu wollen. Das bedeutet, selbst wenn Du einige Fehler gemacht haben, finde etwas, das Deinem Pferd gefällt und das ihm Spaß macht, damit Du am Ende Spaß hast. Eine weitere gute Sache ist, aufzuhören, mehr zu verlangen, wenn Dein Pferd etwas herausgefunden hat, was ihm schwergefallen ist. Indem Du aufhörst, belohnst Du das Pferd und sagst ihm, dass es das Richtige getan hat.

Finde 2 gleiche Bilder.

Ein guter Pferdemensch zu sein bedeutet nicht, von seinem Pferd bestimmte Dinge zu verlangen. Es geht auch um:

- Niemals ein Pferd als respektlos oder ungezogen bezeichnen. Pferde sind ehrlich. Aber wir können sie verwirren, wenn wir sie um neue Dinge bitten.
- Stelle Deinem Pferd die richtige Frage zur richtigen Zeit.
- Frage mit einem kleinen Hinweis und schreie Dein Pferd nicht an oder tritt es nicht mit den Schenkeln, wenn Du reitest und verliere niemals die Beherrschung oder werde wütend.
- Höre sofort auf zu fragen, sobald Dein Pferd an die richtige Antwort denkt. Oft kann dies der Fall sein, bevor es sich auch nur einen Schritt bewegt hat! Frage Dich, wie Du Deinem Pferd helfen kannst und zwinge Dein Pferd nicht, etwas zu tun.

HANDSCHRIFTLICHE HERAUSFORDERUNG

Verfolge die Großbuchstaben dieser Bodenarbeits-Übungen.

STANGEN

SCHRITT

PUTZEN

FREIARBEIT

PFERDETRAINING

Jedes Mal, wenn wir mit einem Pferd zusammen sind, trainieren wir es. Sogar wenn wir sie einfach zur Koppel führen oder wenn wir ihre Hufe auskratzen!

Pferde lernen, dass sie das Richtige getan haben, wenn man Druck nachlässt und aufhört zu fragen. *Das heißt, wenn Du Dein Pferd führst und es zum Grasen den Kopf senkt, darfst Du das wirklich nicht zulassen, weil Du ihm beibringst, dass es das ist, was Du von ihm willst: grasen!*

Wenn Dein Pferd jedes Mal, wenn Du versuchst, seine Hufe auszukratzen, seinen Huf aus Deinen Händen zieht, versuche, ihn festzuhalten, bis er aufhört zu ziehen. Dann, sobald er aufhört, lobe ihn und setze seinen Fuß ab. Versuche beim nächsten Mal, ob er seinen Fuß ein oder zwei Sekunden länger halten lässt und so weiter. Bald wirst Du in der Lage sein, seine Hufe richtig auszukratzen.

Denk daran, Sicherheit geht vor! Wenn Dein Pferd wirklich an Dir zieht und Du Dich außer Kontrolle fühlst, bitte immer einen Erwachsenen, Dir zu helfen.

Pferde sind nie absichtlich unartig. Sie lernen einfach, was für sie funktioniert, um zu bekommen, was sie wollen. Deine Aufgabe ist es, herauszufinden, was das ist, und herauszufinden, wie Du Dein Pferd dazu bringen kannst, dasselbe zu wollen wie Du. Wenn Du das kannst, wirst Du ein intelligenter Horsemanship-Trainer!

Wusstest Du schon: Ein Pferd ist immer 100% ehrlich. Pferde lügen nie.

WAHR ODER FALSCH QUIZ

1: Eine gute Pferdetrainerin kann ein Pferd zwingen, das zu tun, was sie will, selbst wenn das Pferd wirklich Angst hat.

  a: Wahr
  b: Falsch

2: Ein guter Pferdetrainer wird einen Weg finden, einem Pferd zu helfen, sich sicher zu fühlen bei Dingen, die ihm Sorgen bereiten.

  a: Wahr
  b: Falsch

3: Der beste Weg, einem Pferd beizubringen, nicht mehr unartig zu sein, besteht darin, schlechtes Benehmen zu bestrafen.

  a: Wahr
  b: Falsch

4: Bodenarbeit ist eine Methode, ein Pferd lange Zeit im Kreis zu trainieren, bis es zu müde wird, um unartig zu sein.

  a: Wahr
  b: Falsch

4: Bodenarbeit ist eine Methode, ein Pferd lange Zeit im Kreis zu trainieren, bis es zu müde wird, um unartig zu sein.

  a: Wahr
  b: Falsch

Answers: 1b, 2a, 3b, 4b, 5a

REITKLEIDUNG

Die wichtigsten Dinge, die Du beim Reiten tragen musst, sind Reitstiefel mit einem Absatz, der verhindert, dass Dein Fuß durch den Steigbügel rutscht und einen Reithelm. Du kannst auch Reithosen oder Leggings tragen, wenn Jeans unbequem sind.

Es spielt keine Rolle, wie viel Deine Kleidung kostet, solange sie sicher und bequem ist und ihren Zweck erfüllt. Deinem Pferd wird es egal sein, wie viel Geld Du für Markenkleidung ausgegeben hast!

 Was ist das Härteste beim Reiten lernen? Der Boden!

DIE ZÜGEL HALTEN

Halte die Zügel so sanft, als würdest Du eine Eiswaffel halten.

AUFSTIEGSHILFE

Dein Pferd wird es Dir danken, wenn Du eine Aufstiegshilfe verwendest anstatt vom Boden aufzusteigen. Wenn Du Dich vom Boden in den Sattel hochziehst, zieht der Sattel wirklich am Rücken Deines Pferdes.

Wenn dies häufig vorkommt, braucht es vielleicht sogar einen Physiotherapeuten!

Sei beim Aufsteigen vorsichtig, auch wenn Du eine Aufstiegshilfe verwendest. Achte darauf, dass Du nicht mit Deinen Zehen in die Seite deines Pferdes trittst und ihm nicht mit deinem anderen Fuß in die Hinterhand stößt, während Du Dein Bein überschwingst. Setze Dich sanft in den Sattel, lass Dein Gewicht nicht plötzlich nach unten fallen.

Wie man absteigt

Es ist auch wichtig, wie Du absteigst. Achte darauf, dass Dein Pferd still steht. Nimm Deine Füße aus beiden Steigbügeln. Halte die Zügel in der linken Hand und halte sie vor dem Sattel. Beuge Dich in der Taille nach vorne und schwinge Dein rechtes Bein nach hinten und oben (ohne die Hinterhand Deines Pferdes zu berühren) und gleite sanft nach unten, bis Deine Füße auf dem Boden sind.

Führseil

Das Pony bleibt normalerweise an einem Führseil, bis wir beim Reiten richtig ausbalanciert sind und uns nicht auf die Zügel für das Gleichgewicht verlassen. Es hängt von Deinem Lehrer ab, aber er wird sicherstellen, dass Du im Schritt sicher bist, bevor das Führseil entfernt wird.

REITEN

Reiten lernen hört nie auf. Selbst die besten Reiter lernen noch und haben Unterricht! Jede neue Pferd-Mensch-Partnerschaft bedeutet, die Kommunikation neu zu lernen. Am Anfang, wenn Du die Grundlagen lernst, geht es beim Reiten jedoch darum, zu lernen, wie man sitzt und das Gleichgewicht hält, ohne sich an den Zügeln festzuhalten, während jemand Dein Pferd für dich führt. Sobald Du Dein Gleichgewicht gefunden hast, lernst Du Wendungen, Anhalten und Anreiten. Du lernst Sitz, Hände und Beine einzusetzen und die Zügel zu halten. Versuche immer daran zu denken, egal was passiert, dass Du auf einem lebenden, atmenden Wesen sitzt. Dein Pferd spürt alles, was du da oben machst!

„Bei einem wirklich guten Reiter kann niemand wirklich sehen, was er tut oder wie er sein Pferd um Dinge bittet. Sein Körper ist entspannt und bewegt sich sehr wenig. Es sieht aus wie ein wunderschöner Tanz mit einem glücklichen Pferd."

- Schaue immer dahin, wohin Du reitest (nicht auf den Kopf Deines Pferdes).
- Ziehe nicht an den Zügeln. Verwende sanfte Hände und verletze niemals das Maul Deines Pferdes.
- Lächle und atme. Es soll Spaß machen!
- Jedes Mal, wenn sich Deine Finger an den Zügeln einen winzigen Bruchteil bewegen, sendest Du eine Nachricht an Dein Pferd.

"Ein toller Pferdemensch braucht 3 Dinge: Den Kopf, das Herz und die Hände"

REITEN

Sobald Du in der Lage bist Schritt zu gehen, anzuhalten und Dein Pferd nach links und rechts zu wenden und dabei Deine Zügel, Sitz und Beine zu vewenden; lächle und atme! Du bist bereit, Deinen ersten Trab zu versuchen.

Wenn Du dich daran gewöhnt hast, wie federnd es sich anfühlt und den Dreh raus hast zum Leichttraben und Aussitzen wird alles auf magische Weise viel leichter zu bewältigen! Dann kommt Dein erster Galopp.

Nichts davon kann aus einem Buch gelernt werden. Du wirst viele, viele Lektionen von einem freundlichen und geduldigen Ausbilder auf einem ruhigen und geduldigen Pferd brauchen.

 **Eine Frau ritt auf einem Freitag den ganzen Weg einen Hügel hinauf. Am nächsten Tag ritt sie auch auf einem Freitag zurück. Wie ist dies möglich?** Das Pferd heißt "Freitag".

SCHRITT, TRAB + GALOPP

Der Schritt ist ein Viertakt. Das bedeutet, dass bei jedem Schritt alle vier Füße separat abheben und auffußen müssen. Kannst Du fühlen, wie jeder dieser Füße auffußt und weißt, welche es sind, ohne hinzusehen?

Der Trab ist ein Zweitakt. Bei jedem Schritt heben jeweils zwei Füße gleichzeitig ab und fußen auf (der vordere rechte mit dem hinteren linken oder das andere gegenüberliegende Paar). Schau, ob Du fühlen kannst, welche Füße dies tun, während Du im Trab reitest.

Der Trab ist ein Zweitakt. Bei jedem Schritt heben jeweils zwei Füße gleichzeitig ab und fußen auf (der vordere rechte mit dem hinteren linken oder das andere gegenüberliegende Paar). Schau, ob Du fühlen kannst, welche Füße dies tun, während Du im Trab reitest.

 Welche Seite des Pferdes hat die meisten Haare? Die Außenseite!

Zu lernen, zu fühlen und dann zu beeinflussen, wie sich jeder Fuß bewegt, kann lange dauern und viel Übung erfordern. Erfahrene Reiter wissen, wie das geht, ohne darüber nachzudenken. Hast Du schon einmal einem Reining-Pferd bei einem Spin zugesehen? Stell Dir vor, auf einem solchen Pferd zu sitzen und immer noch zu wissen, welche Füße was machen!

Das Pferd

WÖRTERRÄTSEL

ERRATE DAS WORT

- TELSAT
- NSETRE
- PPGLOA
- ACLLHWA
- NHEMÄ

Antworten: Sattel, Trense, Galopp, Wallach, Mähne

Eine Frau kauft ein Pferd für 40 Dollar. Sie verkauft das Pferd für 60 Dollar. Dann kauft er das Pferd für 80 Dollar zurück. Und er verkauft das Pferd wieder für 85 Dollar. Wie viel Geld hat sie am Ende verdient oder verloren? Oder hat sie die Gewinnschwelle erreicht?

Antwort: Sie hat $25 Gewinn erzielt.

GUTE REITKUNST

Gute Reitkunst bedeutet nicht, dass Du der beste Reiter oder Trainer sein musst. **Es bedeutet, jedes Mal, wenn Du mit Deinem Pferd zusammen bist, seine Gefühle zu berücksichtigen.**

Wenn Du reiten lernst, versuche immer daran zu denken, dass ein Pferd fühlen kann, wie eine Fliege auf seinem Rücken landet, also kann es alles fühlen, was Du tust. Es ist wirklich schwer, eine neue Fähigkeit zu erlernen und gleichzeitig sanft zu sein, aber Du musst es versuchen.

Wenn Du schneller reiten willst, versuche zunächst an schneller zu denken und die Energie zu erhöhen, die Du in Deinem Körper spürst anstatt Dein Pferd plötzlich hart zu treten.

Stell Dir vor, die Eisdiele verschenkt kostenloses Eis! Spüre diese Aufregung in Deinem Körper und Dein Pferd wird es auch spüren.

Wenn das nicht ausreicht, versuche es mit einem sanften Stupser mit den Beinen. **Dann, sobald sich Dein Pferd schneller bewegt, höre auf zu fragen!**

Pferde wissen, dass sie das Richtige getan haben, wenn Du aufhörst zu fragen. **Denke immer daran, auch Deinem Pferd zu danken.**

Das Ziel ist es, Dein Pferd dazu zu bringen, auf die kleinste Bitte zu reagieren. Wenn Du sehr gut mit Deinem Pferd kommunizieren kannst, wird es Deine Gedanken verstehen!

REITEN, WENN SICH ETWAS NICHT GUT ANFÜHLT

Manchmal fragst Du Dich beim Reiten vielleicht, ob es Deinem Pferd gut geht.

Wenn sich Dein Pferd lahm anfühlt oder sich seltsam verhält, versuche herauszufinden, was das Problem ist, bevor Du weitermachst. Vielleicht wirst Du absteigen und seine Füße überprüfen oder ein wenig Bodenarbeit machen, um zu sehen, ob Du etwas entdecken kannst.

Andere Probleme, auf die Du beim Reiten stoßen könntest, sind Buckeln oder Durchgehen oder ein Pferd, das sich nicht satteln oder auftrensen lässt.

Sicherheit ist das Wichtigste, also bitte einen Erwachsenen um Hilfe. Ziemlich oft bedeutet ein seltsames Verhalten des Pferdes, dass Dein Pferd Dir sagt, dass ihm etwas weh tut oder dass es sich krank fühlt.

 Welcher Apfel wächst nicht am Baum? Der Apfelschimmel

REIT- QUIZ

1: Der Trab ist

    a: eine Dreitakt-Gangart
    b: eine Zweitakt-Gangart
    c: eine Art Zäumung
    d: eine Art Sattel

2: Die wichtigste Bekleidung zum Reiten ist

    a: ein Reithelm und Reitstiefel mit Absätzen, die verhindern, dass Dein Fuß durch den Steigbügel rutscht
    b: ein Cowboyhut und ein Halstuch, um den Staub von Deiner Nase fernzuhalten
    c: Sporen
    d: Reithosen und eine Turnierjacke

3: Der Galopp ist

    a: ein Teil des Sattels
    b: eine Viertakt-Gangart
    c: die langsamste Gangart
    d: eine Dreitakt-Gangart

4: Wenn ich möchte, dass mein Pferd schneller läuft wenn ich reite, dann sollte ich

    a: "Hüa" rufen!
    b: nach vorne schauen, vorwärts denken & die Energie in meinem Körper erhöhen
    c: dem Pferd dreimal hart in die Seite treten
    d: mich zurücklehnen und dem Pferd einen Klaps auf den Hintern geben

Antworten: 1b, 2a, 3d, 4b

ZUM ABSCHLUSS

Das Beste daran, Pferde zu lieben, ist zu wissen, dass das Reiten nur ein kleiner Teil des Zusammenseins mit ihnen ist. Pferde sind erstaunliche, kraftvolle, schöne und intelligente Tiere, die einfach mit allen auskommen und sich sicher fühlen wollen.

Wenn Du lernst, mit ihnen zu kommunizieren und zu verstehen, was ihnen wichtig ist, lernst Du auch, wie wichtig Geduld ist.

Pferde interessieren sich nicht für Rosetten oder den Sieg bei Wettbewerben. Sie legen Wert auf Freundlichkeit und Fairness. Jeder kann Reiten lernen. Für manche ist es ganz natürlich, für andere braucht es viel mehr Übung. Es dauert Tausende von Stunden, um gut reiten zu lernen.

Pferde interessieren sich nicht für Rosetten oder den Sieg bei Wettbewerben. Sie legen Wert auf Freundlichkeit und Fairness. Jeder kann Reiten lernen. Für manche ist es ganz natürlich, für andere braucht es viel mehr Übung. Es dauert Tausende von Stunden, um gut reiten zu lernen.

 Welche Art von Pferd kann unter Wasser schwimmen? Das Seepferdchen

Und vergiß niemals: es geht darum, dem Pferd zuzuhören.

Name

MEIN PONY

Vervollständige die Geschichte mithilfe der untenstehenden Schreibaufforderung

Wenn ich ein Pony habe, dann ...

SPARPLAN FÜR EIN PONY

ICH SPARE FÜR	BETRAG	FÄLLIG BIS ZUM
DATUM	GESPARTE SUMME	NOCH ÜBRIG
	TOTAL SAVINGS	

Glückwunsch! Du bist auf dem Weg, ein toller Pferdemensch zu werden. Als unabhängiger Autor sind Buchrezensionen eine wertvolle Möglichkeit für Dich, mir dabei zu helfen, dieses Buch mit der Welt zu teilen. Wenn Dir dieses Buch gefallen hat, wäre ich Dir sehr dankbar, wenn Du Deine Rezension und ein Bild dieses Buches online teilen könntest.

Danke sehr

Elaine

HORSE BOOKS
by #1 best-selling author
ELAINE HENEY

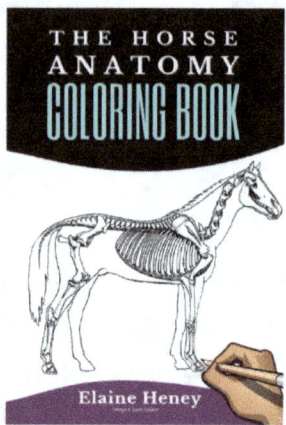

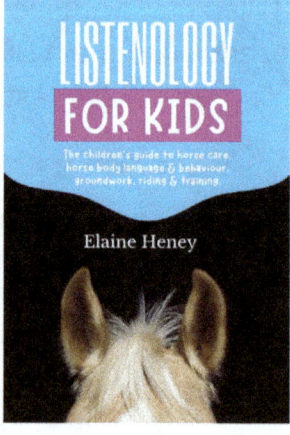

www.elaineheneybooks.com

THE CONNEMARA ADVENTURE SERIES
FOR KIDS 8+

www.elaineheneybooks.com

DANKE SEHR

DANKE SEHR

DANKE SEHR

www.ingramcontent.com/pod-product-compliance
Lightning Source LLC
Chambersburg PA
CBHW070306120526
44590CB00017B/2576